AF282710

Trazos de felicidad
bajo la luna

María Teresa Martínez Alcaraz

Trazos de felicidad bajo la luna

AACHE Ediciones
Guadalajara 2024

76

colección LETRAS MAYÚSCULAS

© María Teresa Martínez Alcaraz, de los textos. 2024.
© María Teresa Martínez Alcaraz, de las fotografías.

Fotografía de portada hecha en Madeira.

Producción, maquetación y edición electrónica:
AACHE Ediciones
C/ Malvarrosa, 2 (Las Lomas) – Telef. 949 220 438
19005 – Guadalajara
E–Mail: editorial@aache.com
Internet: www.aache.com

Impresión:
PodiPrint
C/ Cueva de Viera, 2
29200 – Antequera (Málaga)

Impreso en España – Printed in Spain.

ISBN 978–84–19813–20–6
Depósito Legal: GU–017/2024

*Dedico este libro a mi familia,
con un recuerdo muy especial y entrañable
para mis padres.*

ÍNDICE

Andrés, el escritor de cuentos · · · · · ·9

Arturo · · · · · · · · · · 27

Ausencias · · · · · · · · · · 33

El duende aventurero · · · · · · 39

El pequeño Tommy · · · · · · · 55

El pianista ciego · · · · · · · · 67

La cueva de los animales · · · · · 75

La rana Ritaflor · · · · · · · · 89

Los sueños de Jorge Pablo · · · · · 91

Lulalú, la luciérnaga · · · · · · · 97

Salvador, el aprendiz de brujo · · · · 99

Tercer encuentro con el pez saltarín,
y viaje a las profundidades del mar · · · 153

ANDRÉS,
EL ESCRITOR DE CUENTOS

Andrés, el que vive en el número cuatro de la calle empinada y empedrada que conduce al mirador, desde el que se divisa un paisaje precioso, el que escribe cuentos cuando le viene la inspiración, se hallaba en el patio de su casa, cobijado en la sombra de una palmera, donde, de vez en cuando entraba algún rayo de sol a través de las hojas separadas y estaba sentado en una silla de hierro bellamente enrejada con dos cojines, uno en el respaldo y otro en el asiento y apoyado en una mesa de piedra jaspeada, encima de la cual se encontraba un vaso lleno de agua con una botella al lado a medio llenar, una servilleta blanca de tela, un tintero de cristal azul con tinta negra, una pluma y unas cuartillas en blanco dispuestas para ser rellenadas con algunas de las historias que Andrés escribía a las mil maravillas.

Para estar concentrado necesitaba permanecer solo en un lugar tranquilo y sin que nadie le molestara, pues en la concentración estaba gran parte de su éxito y en ese lugar es donde se encontraba más cómodo y en soledad.

Andrés, el cuentista, como le llamaban en el pueblo, era una persona amable con todo el mundo, dispuesto a ayudar en el momento que algunos de sus vecinos se lo pidiera. Era de mediana edad y escribía desde hacía bastantes años, antes compartida esa afición con su trabajo de carpintero, pero un accidente le impidió seguir en esa tarea que le gustaba y que había aprendido de su padre pasado a éste por el abuelo, y que llevaba haciéndolo desde que tuvo uso de razón.

Lo de escribir no sabía de quién lo habría heredado, pero estaba contento porque disfrutaba plasmando letras y más letras coordinadas hasta formar una historia que luego transmitía a las personas que deseaban leerlo o escucharlo de sus propios labios.

Casi todas las tardes realizaba la misma operación: se sentaba en el patio apoyando los codos en la mesa pensando y la inspiración le venía unas veces antes y otras después y aquellas cuartillas quedaban impresas de miles de palabras de color negro con historias, no de ese color precisamente, pero eran sorprendentes que salían de su imaginación.

Una vez acabada la tarea propuesta leía con detenimiento lo escrito para corregir algún error que sin darse cuenta estuviera impreso en aquellas hojas.

Cuando finalizaba de escribir, no tenía horario fijo de empezar y acabar, se levantaba, dejaba todo encima de la mesa y se marchaba a dar un paseo por la chopera, donde algunos de los chopos se rozaban con las puntas mirando hacia el cielo y que en ocasiones impedían pasar los rayos del sol y lo único que penetraba eran unos hilillos de claridad que se reflejaban en el suelo y casi se precipitaban al agua que discurría por el río, siguiendo su curso arrastrando algún elemento que hubiera caído o hubiese sido tirado a propósito por alguien que pasara por allí en esos momentos.

Al llegar, se sentaba en un tronco o en el suelo y meditaba sobre lo que había escrito en ese día.

Pasado el tiempo de pensar sobre ello volvía a su casa, recogía todo lo que se encontraba en la mesa y ya cuando anochecía buscaba a los niños que jugaban en la plaza del pueblo y distribuía las copias entre todos ellos para que lo leyeran en sus casas, por supuesto, una vez acabados los deberes encargados por los maestros y pasados unos cuantos días lo comentarían juntos en el patio, si el tiempo era bueno o por el contrario dentro de la casa, donde había un amplio salón con muchos cojines distribuidos por toda la estancia. Allí se colocaban en círculos, sin nadie presidiendo el corro y como los niños ya lo tenían leído con anterioridad solo quedaba comentar con su autor, el amable Andrés, la historia que días antes había quedado plasmada en las hojas blancas.

Los pequeños no solo se limitaban a escuchar si no que preguntaban todo lo que no entendían y Andrés disfrutaba comprobando el interés que ponían en lo que él escribía, ya que además de los niños algunos mayores también se agregaban a las reuniones. Éstas eran muy conocidas y esperadas.

El escritor de cuentos y de relatos preciosos ponía los cinco sentidos en el momento de iniciar una nueva historia, pensando sobre todo en los críticos que tendría una vez finalizada y comprobada la lectura.

Al día siguiente de cada reunión se disponía a empezar otra historia aún más interesante si pudiera ser que la anterior y para ello se sentaba en el patio y en su silla preferida relajadamente, con sus cojines, donde se sentía tranquilo y sosegado y entonces comenzaba a rellenar el espacio en blanco de los folios con agradables narraciones.

Siempre escribía con placer y sabiendo lo que hacía. En esta ocasión la historia que iba a escribir o recordar, habría sucedido hacía muchísimos años en el pueblo y se la contaron sus abuelos cuando era pequeño y escuchaba embobado sin perder un solo detalle y ahora él la recordaría y la plasmaría con sus propias palabras, también intentaría recordar los días felices de su infancia, allí en el patio, con las gallinas picoteando alguna miga de pan y sus abuelos le relataban historias agradables sentados en las sillas de esparto y el traje negro de pana por parte de su abuelo y el delantal de cuadros oscuros y con un moño en la cabeza con horquillas par parte de la abuela. ¡Qué recuerdos tan bonitos!.

El relato era el siguiente:

"Hace muchos años, en época otoñal, con el frío calando los huesos y ya con nieve en algunas partes, llegó al pueblo procedente de otros lugares un matrimonio joven, con un niño de pocos meses al que llevaban bien arropadito con una toquilla de punto, en busca de trabajo. Traían como único medio de transporte una burra que se caía de flaca, se le notaban todos los huesos sin excepción y las orejas las tenía gachas, venía agotada de traer encima de sus lomos a la madre y al hijo, de vez en cuando rebuznaba de cansancio y de hambre, pero prácticamente sin fuerzas para nada. La situación en la que se encontraban no era demasiado buena para ninguno de los cuatro. Las tripas sonaban pidiendo algo que no llegaba.

A la entrada del pueblo había una ermita con dos puertas que cerraban el recinto, dentro del cual se podía ver pasados unos minutos la silueta de una virgen con un manto negro bordado y unos reclinatorios, situados frente a ella.

Se sentaron en una piedra. Dejaron a la burra suelta, ésta agachó la cabeza, apurando la poca hierba que existía en el lugar dejándolo aún más rapado. El hombre, que vestía pobremente con algún que otro roto en su ropa se acercó al pueblo que distaba pocos metros y en la primera casa que encontró llamó con los nudillos. No respondió nadie y fue a la siguiente. Ésta permanecía entreabierta, la parte de arriba, ya que la de abajo tenía echado el cerrojo y con una cortina de color marrón oscura. Tocó en la parte baja y al cabo de escasos minutos salió una señora toda vestida de negro y con un pañuelo en la cabeza que le preguntó que deseaba con una cara no demasiado agradable, de pocos amigos, éste le respondió que buscaba trabajo, que había venido con su mujer y su hijo y que permanecían en la entrada del pueblo, junto a la ermita.

- Hable con el alcalde, él le dirá todo lo que desea, yo no se nada de eso.

- Muchas gracias de todas formas, ha sido usted muy amable —dijo tímidamente- pero, ¿dónde le puedo encontrar?.

- *No demasiado lejos de aquí, gire a la derecha y todo recto, cuando pase dos calles más, la tercera a la izquierda es su casa, se llama Anselmo y es un señor muy delgado y bastante alto. Espero que él le ayude.*

- *Gracias de nuevo amable señora, gracias y adiós.*

El visitante siguiendo las indicaciones de la mujer de negro empezó el recorrido y al cabo de pocos minutos estaba frente a la casa del señor Anselmo, el alcalde del lugar.

Había un llamador de hierro y es el que hizo sonar con bastante fuerza lo que provocó la salida casi de estampida de una señora gruesa con un moño y preguntando con un notable malhumor quién se encontraba en la puerta produciendo tanto ruido.

- *Perdone, he sido yo —dijo el recién llegado medio encogido, mezclándose el frío, la timidez y la vergüenza de haber sido el protagonista, sin quererlo, de ese alboroto- quería hablar con el señor alcalde.*

- *Y quién quiere verle?.*

- *Pues servidor, Jesús Sanz, para servirle a usted y a su esposo el alcalde.*

- *Y qué asuntos le traen hasta nuestra casa para querer hablar con mi marido? —diciendo estas palabras le echaba unas miradas sospechosas y de curiosidad.*

- *Estoy buscando trabajo, tengo mucha necesidad de encontrar algo rápido. Mi mujer y mi hijo están en la entrada del pueblo, junto a la ermita.*

La señora del alcalde cambió la cara de repente. Se sensibilizó ante lo que acababa de decir la persona que tenía delante de ella, y a pesar de la apariencia desastrosa que llevaba aplicó sus palabras en un tono más suave:

- *Mi marido en estos momentos no está, trabaja en el campo y tardará bastante en regresar, al caer la tarde, pero traiga a su mujer y a su hijo y les daré un poco de comer.*

Sin esperar más respuestas Jesús Sanz salió como una bala del portal de la casa del alcalde en dirección a la ermita. Pasado un rato se presentó toda la familia, incluida la burra ante la sorpresa de la señora del alcalde.

- Pasen al portal, por favor, y les traeré algo de comer.
- Y con la burra, ¿qué hago con ella? –dijo Jesús.
- Tranquilo hombre, no se preocupe por ella, ahora mismo la llevamos al granero para que pueda comer algo de heno.

- Gracias señora, es usted muy amable, no se como agradecérselo, no le puedo pagar, no tengo nada, ni un mendrugo de pan, tengo los bolsillos vacíos como el estómago.

- Por eso no se preocupe, venga conmigo y cuando dejemos al animal les daré a ustedes algo de comer para calmar sus estómagos vacíos. Y el niño, pobrecillo debe tener mucho frío, se ha quedado helado junto a la ermita.

Diciendo estas palabras se acercó hacia la madre que le llevaba en brazos. Separó la toquilla para verle la cara y vio ante ella un crío precioso que le miraba y al hacerle una caricia en la barbilla éste la sonrió.

- ¡Qué guapo es!. ¿Cómo se llama?.

Respondió el padre:

- Se llama Jesús, igual que un servidor.

Pasaron dentro de la casa y en el portal, empedrado y muy brillante, había un banco de madera y en él se sentaron y la dueña les dijo:

- Enseguida regreso, voy a la cocina para prepararles algo de comer.

No dijeron nada, se limitaron a sentarse en el banco y allí esperaron con mucha impaciencia y con mucha hambre la comida prometida por la mujer del alcalde. Se portó muy bien con ellos y eso les desconcertó un poco. ¿La gente es tan amable y confiada por estos lugares?. Si así era, seguramente no tendrían demasiados problemas en encontrar un trabajo y un alojamiento para pasar una temporada, pero tendrían que esperar al señor alcalde y saber lo que éste opinaba al respecto.

En estas cavilaciones estaba Jesús Sanz cuando se presentó la mujer del señor alcalde trayendo una bandeja con unos tazones *llenos de leche y unos bollos caseros que olían a gloria bendita y los recién llegados no les quitaban ojo.*

Dejó la bandeja en el banco y entró en otra de las habitaciones situadas en la parte baja de la casa y sacó una mesita donde colocó lo que acababa de traer y viendo la timidez de sus "invitados sorpresa" de no acercarse a la bandeja dijo:

- Venga, dejen la vergüenza a un lado y coman que hambre tienen, lo se, y mucha, por la cara que muestran no hace falta que disimulen, adelante.

No se lo tuvo que repetir dos veces, pues nada más finalizar esas palabras empezaron a devorar lo que tenían delante de ellos. La señora de la casa les contemplaba con una cierta curiosidad y un poco de pena.

Sin decir nada volvió a entrar a la cocina, situada unas seis escaleras desde la entrada y regresó con más comida y con una especie de biberón lleno de líquido blanco para Jesús niño que seguía despierto y muy espabilado. Se lo dio su madre. No hablaban, solo comían y como no podían hacer las dos cosas a la vez optaron por comer, que en esos momentos era lo más importante, y abandonar unos instantes la plática para otra ocasión. Cuando acabaron se apoyaron en el respaldo del banco y respiraron contentos de haber podido calmar sus estómagos y el crío después de tomarse la leche se quedó profundamente dormido.

Y ahora venía el dilema. ¿qué hacer?. ¿Continuaban camino o permanecían en el pueblo hasta la llegada del señor Anselmo, la máxima autoridad para saber si podía conseguirle un trabajo?.

Antes de llegar a una decisión que deberían tomar el matrimonio, la señora del alcalde habló:

- Mi marido, Anselmo vendrá ya de anochecido. Si quieren esperarle pueden quedarse aquí. Yo no puedo hacer más por ustedes, he hecho todo lo que estaba en mis manos, ahora solo queda esperar a que hablen con él.

- Muchas gracias amable señora, ha hecho muchísimo por nosotros, más de lo que nos esperábamos. Le estamos muy agradecidos por todo ello. Su desinterés le honra y además sin conocernos

de nada nos ha metido en su casa, eso no lo hace todo el mundo. Es de agradecer, de verdad —en esta ocasión habló la mujer de Jesús que había permanecido callada en todo el tiempo que llevaban allí.

- No hay de que darlas. Se ve enseguida, a pesar de la apariencia, por las circunstancias que sean, que son honrados y eso me alegra y estoy muy contenta de haberles ayudado y les deseo de corazón que cuando hablen con mi marido éste tenga algún trabajo para ustedes o al menos para uno de los dos. Tendremos que esperar unas horas para saberlo.

Hubo una pausa y al rato continuó hablando la señora del alcalde:

- Si lo desean pueden dejar al niño que duerma en una cama que tenemos aquí en la habitación contigua para que no tenga ruidos y descanse mejor y más tranquilo, si les parece bien.

No pusieron ninguna objeción a semejante propuesta. ¿Qué podían hacer?. Les habían ofrecido todo, así de repente, sin pedir nada a cambio, era como un sueño y además era una buena persona que ayudaba a los demás sin pedir nada a cambio.

La mujer del señor Anselmo cogió al niño en sus brazos y acompañado de la madre pasaron al cuarto de al lado y le dejaron en la cama bien arropadito, pues el frío se hacía sentir en la casa con las paredes gruesas, pero en la calle era aún peor.

- Ahora les dejo aquí, voy a continuar con mis tareas del hogar. Cuando venga mi esposo ya hablará con ustedes y les dirá todo lo que deseen saber. Me permiten?.

- Claro, faltaría más —dijo Jesús Sanz levantándose como señal de educación hacia la dueña de la casa.

Esta desapareció y él volvió a sentarse junto a su mujer en el banco situado en el portal de la casa del señor alcalde. No hablaron. Permanecían en silencio en espera de la llegada del dueño de la casa en la cual se encontraban en esos momentos.

Estaba anocheciendo y el niño empezó a rebullirse y a gemir. La madre se levantó y preguntó a su marido:

- Jesús, ¿qué hago paso a la habitación o llamo a la señora?.

- Mejor es que hagas lo segundo.

Se acercó a la escalera que conducía al piso de arriba y por donde había subido hacía un buen rato la señora que tan amablemente se portó con ellos.

Se puso las manos cerca de la boca para hacer las veces de un eco y que llegara la voz lo más claramente posible.

- ¡Señora!. ¡Señora!. ¿Puede bajar un momento?. El niño se ha despertado y debo pasar a recogerlo.

Sin contestar a la llamada casi suplicante de la madre ésta bajó y dijo:

- ¿Porqué no ha pasado a por él?.

- No me he atrevido. Hemos invadido su intimidad y me siento un poco avergonzada por esa razón.

- No hay motivo mujer, venga, sígame y veremos como se encuentra su pequeño.

Dentro de la habitación el crío estaba despierto. Dejó de gemir al ver a su madre y cuando le tomó en sus brazos éste empezó a reír, estaba muy contento, había dormido lo suficiente como para estar muy feliz.

- ¡Qué hermosura de criatura! —la señora de la casa no le quitaba ojo.

Estando en esas intermedias llegó el marido, el señor Anselmo y al ver todo aquel alboroto quedó extrañado y entonces preguntó a su esposa con una voz potente:

- ¿Qué es todo esto Marcela?.

- Tranquilo hombre, no pasa nada. Siéntate y te contaré todo lo que ha sucedido.

Anselmo se sentó en el banco en el que minutos antes había permanecido la pareja visitante.

Cuando la esposa finalizó con la historia, referente a las personas que tenía delante habló el marido, ya un poco más relajado y comprensivo, para eso era la máxima autoridad del pueblo y tenía que dar ejemplo:

- Bueno joven, ¿y qué sabe hacer?.

- Muchas cosas señor alcalde y lo que no sepa lo puedo aprender rápidamente. Tengo una gran habilidad y además soy muy mañoso.

- Y si es así, ¿cómo es que han abandonado el lugar donde vivían antes y se han decidido a aventurarse a buscar otros y además con un crío pequeño por esos mundos de Dios?.

- Estábamos solos, no tenemos familia en ninguna parte. Era un pueblo muy pequeño, sin porvenir. No se podía encontrar nada y decidimos salir fuera de él. Hemos parado en algunos de los pueblos que nos venían de paso, pero ninguno de ellos nos gustaba demasiado y hemos llegado a éste e intentaremos probar suerte, si nos sale bien nos quedamos, en caso contrario, continuaremos nuestro camino hasta dar con el lugar idóneo. Y ahora le solicitamos un favor para esta noche, si nos pudiéramos quedar en alguna parte para descansar se lo agradeceríamos de todo corazón, sobre todo por el niño, nosotros estamos acostumbrados a dormir donde sea, pero el pequeño no es conveniente que duerma a la intemperie.

- Está bien, está bien —habló el señor Anselmo pausadamente levantándose del banco y mirando a su mujer- no está bien que salgan a estas horas de la noche, hace frío y andando se quedarían helados y no llegarían muy lejos.

- Tenemos una burra que permanece en su establo.

- De todas formas no quiero que pasen frío ni ustedes ni su animal.

- Gracias señor alcalde. Podemos pasar la noche con la burra, en sitios peores hemos estado y junto a ella no pasaremos mucho frío, es una buena compañía, a pesar de su extremada delgadez la queremos mucho. Es una buena ayuda para nosotros, nos lleva acompañando mucho tiempo.

- Como quieran. Les acompañaré hasta allí.

La señora del alcalde se encogió de hombros, no dijo nada y les siguió con la mirada. Ella hubiera deseado que se quedaran en la habitación donde había dormido el niño, pero tampoco quería poner en un compromiso a su marido. No les conocían y ella ya había hecho lo suficiente, lo que le dictaba su conciencia.

Al no tener equipaje que recoger se pusieron en marcha. En la parte de atrás de la casa se hallaba el establo donde la burra al verlos se puso a retirar con las patas lo que se encontraba en el suelo demostrando la alegría de verlos. Jesús Sanz se puso a su lado y empezó a tocarle el lomo lleno de huesos extremadamente sobresalientes y ella con la cabeza le daba en su hombro. En ese momento todos estaban contentos.

Se colocaron de la mejor manera posible para no pasar mucho frío.

Anselmo se marchó y al día siguiente poco tiempo después de amanecer fue a llamarle para que le acompañara hasta la casa. La mujer y el niño permanecían dormidos junto al animal. No habían pasado nada de frío y durmieron bien.

Una vez dentro de la casa el alcalde habló a Jesús:

- He estado pensando durante toda la noche la mejor forma de ayudarles y que a la vez me sea útil para mi esa ayuda y también para ustedes.

- Usted dirá señor alcalde. Le escucho.

- Puede, si lo desea, ayudarme en las tareas del campo. Ahora lo hago yo solo, pero en estos momentos tengo mucho trabajo y otras dos manos no me vendrían nada mal, se sacaría el trabajo con más desahogo y menor esfuerzo, ¿qué le parece?.

- Estupendo, estupendo. Me parece bien, yo solo quiero trabajar para que mi familia coma y tenga un techo donde cobijarse.

Se acercó al señor Anselmo para cogerle las manos y besárselas. Éste las retiró rápidamente diciendo:

- Jesús, por favor, se acabó la época de los esclavos y los amos. No haga eso, se lo pido. No me sentiría bien y no podría mirarle a la cara. Sólo deseo que trabaje bien y yo le pagaré por los servicios prestados, según convengamos y antes de que se despierte su señora y su hijo le enseñaré un cobertizo que hay situado cerca de aquí, para que se lo vaya arreglando y les sirva de vivienda. ¿le parece bien?.

- Bien, no tengo otra opción. Referente al cobertizo me encargo yo, por eso no se preocupe.

- Le advierto que está un poco derruido y necesita una buena obra para dejarlo un poco más presentable. Vamos a verlo para que compruebe y veo lo que tiene que hacer.

Jesús Sanz cambió la cara al ver el estado de total deterioro en el cual estaba el cobertizo. Tragó saliva pero no hizo ningún comentario.

- Hace tiempo que no se usa —habló el alcalde- si puede hacer algo se lo dejo en sus manos, pero es que no tengo otra cosa y tendríamos que buscar en otro lugar del pueblo y no le aseguro nada, esto es mío y dispongo de ello.

- Lo intentaré, ¡qué remedio!. Si no hay nada más pondré manos a la obra como pueda. Una pregunta señor Anselmo que deseo hacerle, si voy con usted al campo, ¿cuándo arreglo esto?, las dos cosas va a ser imposible, el día solamente tiene veinticuatro horas y yo dos manos y si nos vamos por la mañana casi amaneciendo y volvemos prácticamente cuando anochece, no quedan horas para poder intentar arreglar el cobertizo.

- No lo había pensado, perdóneme, ¡qué egoísmo el mío!. Tiene razón, le dejaré un par de semanas para solucionarlo, ya iremos comprobando si da tiempo con estos días y luego ya más tarde me acompañará al campo, ¿le parece bien?.

- De acuerdo, pero si no trabajo tampoco cobraré y tenemos que comer, y ya que voy a trabajar para usted si puede adelantarme algo, se lo agradecería. Me siento mal por ello, pero la necesidad obliga, tenga la completa seguridad de que no voy a defraudarle, si es así, me lo diga y si me tengo que ir del pueblo, pues me iré, pero creo que he encontrado el lugar idóneo para permanecer el resto de mis días y aquí crecerán mis hijos y mis nietos, estoy muy cansado de ir de un lado para otro y necesito ya quedarme en un sitio fijo y si puede ser este pueblo pues estaré muy contento de ser un miembro más de su comunidad.

- Eso me parece muy bien Jesús, y le doy de nuevo la razón.

Metió la mano al bolsillo del pantalón y le dio unos cuantos billetes para sus necesidades más apremiantes, entre las que se encontraban la comida y materiales para el arreglo de lo que

Torreón de Alvarfáñez. Guadalajara.

*sería su casa a partir de ahora. Jesús agradecido al señor alcalde
se fue corriendo hasta el establo para comunicárselo a su mujer
que aún permanecía dormida junto al niño acurrucado a su lado
y la burra detrás de ellos ayudando en darles calor, dentro de sus
posibilidades debido a su delgadez.*

*Le comunicó que se quedaban en el pueblo, al menos por el
momento, pero que deberían trabajar para tener algo decente donde pasar los días siguientes, hasta que arreglaran el cobertizo conti-
nuarían en el establo haciendo compañía a los animales, así el frío
no se notaría tanto sobre todo por las noches y que calaba los huesos.*

*Pusieron manos a la obra y casi al cumplirse el mes, no las dos
semanas que pensó el alcalde que tardaría en arreglarlo, aquello
parecía otra cosa. El señor Anselmo les echaba una mano de vez
en cuando y alguno del pueblo también y pudo comprobar por sí
mismo que era verdad cuando Jesús dijo que era un mañoso.*

*Al quedarle ya poco para concluir la reconstrucción del de-
rruido cobertizo, convertido en una pequeña casa y ya cambiados
allí, inició el trabajo en el campo.*

*Pasados algunos meses desde la llegada del matrimonio con el
niño pequeño estaban adaptados en el pueblo por completo. Jesús*

junior daba sus primeros pasos cerca de la casa reparada por su padre.

Brígida, que era la mujer de Jesús Sanz ayudaba a la mujer del alcalde en las tareas hogareñas, sin recibir retribución por tal motivo, no quiso ella que le dieran nada, demasiado hicieron por ellos cuando les recogieron y les ofrecieron un lugar donde alojarse y un trabajo para, al menos, poder subsistir, y sin conocerles de nada, se lo agradecerían toda la vida.

Después de unos meses, Jesús ya era conocido, no solo en el pueblo, sino también en los lugares más próximos a éste. Realizaba unos muebles de madera que no se podían comparar con el mejor fabricante de la ciudad. Los encargos le llovían como agua de mayo. No daba abasto. Se construyó una especie de taller anexionado a la casa, siempre con la autorización del señor Anselmo y en el cual hacía todos esos trabajos. Uno de los primeros fue un regalo para la señora Marcela: era una especie de tocador para su habitación , el cual le gustó mucho y se lo agradeció a Jesús.

Estaba contenta de su elección cuando se presentaron en su casa, aquel día preguntando por su marido. Intuía que eran de fiar a pesar de la apariencia externa un tanto desastrosa que llevaban y no se equivocó.

Jesús niño creció y algunos días después de la escuela ayudaba al padre en los trabajos de carpintería, ya que también jugaba en la plaza del pueblo con sus compañeros de colegio.

Al principio el padre iba a cortar los árboles personalmente, eso si, los que tenía autorización para talarlos, para luego emplearlos en la construcción de los muebles de madera. Más tarde encargaba los tableros, ya que no le daba tiempo para todo, tenía tanto trabajo que si hacía una cosa no podía hacer otra y optó por esa opción, que fue una buena decisión.

Venían de la ciudad para ver los muebles que fabricaba, con un diseño exclusivo. A pesar de la gran cantidad de encargos pendientes que tenía en su taller, no dejaba de trabajar con el señor Anselmo, después de todo lo que habían hecho por ellos no podían abandonarle y dejarle en la estacada, eso no estaría nada bien. Por esa razón el señor alcalde agradecía que Jesús Sanz marchara con él al campo. Los años no pasaban en balde y pesaban ya con más fuerza y se iban haciendo mayores.

Cuando Anselmo se jubiló como alcalde al llegar a la edad reglamentaria, dejó también de trabajar en el campo y le propuso a Jesús que se presentara a la alcaldía, a lo cual él le contestó, totalmente convencido de su respuesta:

- No señor Anselmo, a pesar de los años que llevo en el pueblo no sería justo que me presentara cuando hay gente mucho más capacitada que yo para desempeñar ese cargo y además nativos del lugar, que creo que son los que deben ser los que ocupen ese cargo que usted ha llevado tantos años y tan bien. Vamos que ni siquiera se me había pasado por la cabeza tal cosa, de todas formas agradezco ese interés y confianza puesta en mi, de verdad, toda la vida estaré dándole las gracias por recogernos el día que llegamos, especialmente a su esposa, que confió plenamente en nosotros cuando nos ayudó sin conocernos de nada.

El señor Anselmo ante esas palabras ya no insistió más acerca de su propuesta.

Jesús continuó con sus trabajos ayudado por su hijo.

En las elecciones para alcalde salió elegido uno del pueblo, como era de suponer. El anterior le traspasó todos los poderes a la nueva autoridad que en los años siguientes iba a ser el responsable de que todo marchara lo mejor posible en la localidad. Jesús Sanz le ofreció su ayuda desinteresada e incondicional, lo que agradeció enormemente el recién nombrado. Toda ayuda era necesaria para que todo fuera perfecto.

Los pedidos de muebles iban subiendo como la espuma. Donde anteriormente estaba el cobertizo construyeron una casa, ya eran los terrenos de su propiedad con la compra de los mismos al señor Anselmo. Fue creciendo el negocio y ya no pasarían calamidades. ¡Lo habían conseguido!. En una parte gracias a su tesón constante y otra, la más importante, por la ayuda desinteresada del señor Anselmo y la señora Marcela.

Jesús Sanz hijo continuó el arte de carpintería de su padre, eran obras maestras. Éste se casó con una joven del mismo pueblo y los hijos de éstos siguieron la tradición familiar, que era cada vez más nombrada por su fama y su buen hacer. Y así de generación en generación se fueron sucediendo los buenos trabajos de artesanía realizados en el taller por todos los miembros de la familia".

Una vez acabado de escribir el relato que recordaba cuando fue contado por sus abuelos en el patio junto a las gallinas y ahora se preparaba para contárselo a sus asiduos oyentes que esperaban con impaciencia la nueva historia, en este caso, no era de invención, como la mayoría de los relatados, sino de la realidad de un hecho acaecido hacía unos cuantos años en el pueblo de cuyos miembros aún quedaban alguno de ellos, como así se supo en el momento de contarlo.

Una vez acabado de referirse al mismo, uno de los chavales se levantó y dijo en voz alta:

-Es verdad, el hijo de Jesús Sanz, el bebé que llevaba arropadito su madre con la toquilla fue el abuelo de mi abuelo, por tanto, son parientes míos. Gracias Andrés por amenizarnos con una historia de mis antepasados, así todos conocerán como se estableció la familia Sanz en este pueblo, yo también me llamo Jesús Sanz, igual que todos los del clan, de lo que estoy muy orgulloso por el esfuerzo de salir adelante y superarse cada día un poco más. Ahora con los adelantos todo ha cambiado, se dejó de fabricar muebles con mi abuelo, pero aún conservamos alguno del primer Jesús, el fundador de la dinastía, si queréis verlo os lo puedo enseñar y será como un complemento de la historia que nos ha contado Andrés.

Todos por unanimidad quisieron ver por sus propios ojos los primeros muebles hechos en el pueblo en el pequeño taller cerca del cobertizo. Les gustó mucho, eran preciosos, incluso a Andrés que lo miraba detenidamente, aún con más interés que los demás, sabedor de toda la historia detallada. Lo miró todo con curiosidad y detenimiento, tocándolo de abajo arriba y

Puesta de sol. Guadalajara.

apreciando la perfección del mueble, a pesar de los escasos medios con los que contaban en esos años.

Salieron de la casa y regresaron de nuevo a la de Andrés, el escritor honorífico del lugar y una vez dentro éste les dijo a todos sus oyentes.

- Bueno chavales, este relato ha salido a la perfección, no solo por el contenido verídico del mismo sino que se ha comprobado con ejemplos visibles, con lo que yo no contaba, eso no estaba en el guión y que ha favorecido, en cierta manera, a que el relato resultara más atractivo y agradable, dentro de la parte que ya por si misma tenía. Y por hoy se acabó, al igual que finalizan los cuentos, hasta la próxima ocasión y ahora adiós chicos, ya os avisaré cuando acabe otro, ¿de acuerdo?.

Todos afirmaron con la cabeza y fueron saliendo de la casa de Andrés, situada en la calle empinada y empedrada, un poco tristes como les sucedía en otras ocasiones cuando se acababan los cuentos, pero contentos de saber la historia verdadera de uno de sus vecinos, Jesús Sanz, cuyo nombre y apellidos fueron pasando de unos a otros.

Andrés, el escritor de cuentos, quedó en silencio y solo nuevamente y dejó todo dispuesto para el día siguiente iniciar otro relato o cuando le viniera la inspiración.

Todo el pueblo permanecía sin un ruido. La gente en sus casas descansaba del ajetreo diario, preparados para continuar la rutina un día tras otro, solamente se podía ver la luz en las ventanas a través de los cristales y alguna silueta se divisaba en ellos moviéndose de un lado para otro.

La tranquilidad y el sosiego de la noche había empezado y se rompería con el amanecer del nuevo día.

ARTURO

- ¡Vengo enseguida!. Y salió disparado.

Arturo acababa de llegar al pueblo de sus padres, después de cuatro horas de viaje, en el cual vivían sus abuelos: paternos y maternos. Se marchó corriendo a la tienda de ultramarinos, propiedad de la señora Crescencia, para comprar los dulces que tanto le gustaban desde que tenía uso de razón y desde que un día, por casualidad, los descubrió cuando aún era muy pequeño.

Tenía doce años y desde que los probó hacía diez no dejaba de comerlos cada vez que iba al pueblo. Era una celebración, una costumbre adquirida y cada vez disfrutaba más de ellos.

Ni siquiera dio un beso a sus abuelos, para él, en esos momentos, lo más importante era volver a meterse en la boca ese manjar tan exquisito. Con las prisas casi se bajó en marcha del coche, a su padre no le dio ni tiempo de echar el freno de mano.

Entró en la tienda y como se encontraban en ese mismo instante dos señoras delante se impacientaba y comenzó a ponerse nervioso. El deseo era tal que giraba la cabeza de un lado para otro, intentando mirar hacia el lugar en el que permanecían las golosinas, que le estaban esperando, esquivando a las dos personas y moviendo las piernas dando la sensación de estar haciéndose pis. Menos mal que compraron poco y enseguida le tocó el turno.

- Buenos días señora Crescencia, he vuelto otra vez.

- ¿Qué tal Arturín? -no le gustaba nada que le llamaran con ese diminutivo, pero no replicó por el ansia de tener entre sus manos, lo antes posible, esos dulces tan buenos que le quitaban el sueño. ¿Cuándo has venido?. ¿Qué tal tus padres y hermanos?.

Contestó sin ganas, ¡no podía aguantar más! Seguía mirando los caramelos como hipnotizado.

- Muy bien, gracias. Quería una bolsa de mis dulces preferidos. ¿Sabe a los que me refiero?.

- Claro que si, ahora mismo te los preparo.

Se metió en la trastienda y no habían pasado ni sesenta segundos, comprobado por el reloj-cronómetro del muchacho, y regresó trayendo en la mano lo solicitado con tanta prisa.

Lo pagó y se marchó corriendo para que no le regañaran mucho por haber salido de estampida sin saludar siquiera a su familia. ¡Era incorregible!.

- ¿Dónde te has metido?. Te estábamos buscando por las casas de los vecinos. Te has evaporado como el humo.

- He ido a comprar mis dulces preferidos a la tienda de la señora Crescencia. No podía aguantar más. Lo siento mucho.

- Está bien, está bien –dijo la madre sonriendo por las ocurrencias de su hijo.

Una vez acabadas las efusiones familiares, besos, abrazos... llevaron todo el equipaje a sus respectivas habitaciones en las que pasarían cinco días con motivo del sesenta y cinco aniversario del abuelo Andrés, padre de su padre, una persona muy tratable y amable con todos. Celebrarían su cumpleaños y cuarenta años de boda con Francisca, la "abuela sonriente", como la llamaban cariñosamente.

Eran una pareja ejemplar, que siempre habían vivido en el pueblo. Salieron unos días de viaje de novios a Madrid y de vez en cuando por negocios familiares. Tenían ganado y ahora que llegaba la edad reglamentaria para su jubilación contratarían a dos hombres del pueblo que se harían cargo de todo.

La Confianza. La tienda más antigua de Europa. Huesca.

Aunque él no se desentendería de ello por completo, le gustaba estar al corriente de sus asuntos. Arturo se parecía bastante a él. Tenían unos cuantos puntos en común.

En la reunión familiar estaban todos al completo: los anfitriones, los dos hijos, las dos nueras, los padres de una de ellas que eran naturales del lugar, los tres nietos, hijos del hijo mayor, el otro aún no tenía descendencia, deberían pasar aún cinco meses para que aumentara el número y Arturo era el hijo mayor de los tres hermanos.

La abuela Francisca tenía todo preparado para la fiesta. Se fueron colocando según iban llegando. El menú era el siguiente: espárragos trigueros de la huerta, que estaba situada en la parte trasera de la casa y un guisado de patatas con carne de liebre, cazada con maestría por el abuelo Andrés, que era un magnífico cazador desde hacía muchos años y para finalizar, el postre: flan casero y que hizo las delicias de todos los comensales. Los elogios a la cocinera fueron excelentes, no era para menos, se había pasado unas cuantas horas en la cocina para que todo saliera a la perfección, como así fue en realidad.

Antes de acabar se levantó Arturo y en poco tiempo llegó trayendo en un plato los dulces adquiridos en la tienda de la señora Crescencia.

- Quiero compartir —dijo de pie- con todos vosotros mis dulces preferidos y creo que esta es una buena ocasión para ello, ya que estamos celebrando dos fiestas en una y los protagonistas son los abuelos Andrés y Francisca, a los que deseo toda la felicidad del mundo y que en poco tiempo podamos celebrar otra reunión con los otros abuelos, Anselmo y Jacinta, aquí presentes, a los cuatro os quiero mucho y os deseo muchas venturas para siempre.

- ¡Pero Arturo, te quedarás sin ellos con lo que te gustan? —dijo la abuela Francisca.

- Abuela, compartir es una buena cualidad aprendida de vosotros. Es bonito dar de lo que más quieres y no quedarte con todo. Además, para eso está la tienda de la señora Crescencia, que es inagotable.

- Gracias cariño —estas palabras las acababa de decir su madre con lágrimas en los ojos y no digamos como estaban las abuelas y el resto de la familia, algunos disimulaban como podían, pero en todos los sentidos la fiesta fue un completo éxito.

Ya en la sobremesa entre recoger todo y hablar, en el caso de los mayores, y jugar, por parte de los niños, se acabó un día muy importante para toda la familia, pero sobre todo en la vida de los abuelos.

Al día siguiente Arturo le pidió por favor a su abuelo que le llevara de caza. Su deseo se cumplió. Se lo pasó en grande y disfrutó de lo lindo y aunque le suplicó que le dejara la escopeta para disparar a una perdiz, el abuelo se negó en rotundo. No tenía edad para coger esas armas tan peligrosas y podía suceder un accidente inesperado, ya dicen que las armas las carga el diablo, por lo tanto no se debe tentar a la suerte.

El niño no se enfadó, al contrario le agradeció que lo hiciera.

Cuando se hizo mayor comprendió muchas cosas que se pueden negar y no por esa razón vas a dejar de querer a la persona que te ha negado un capricho y que te quiere mucho y aunque lo pidiera con insistencia no le concedió la petición que le hizo su nieto.

Llegó el día de la marcha a la ciudad. Arturo antes de meterse en el coche corrió y se plantó en la tienda de la señora Crescencia y volvió a comprar una buena cantidad de esos dulces deliciosos que tanto le gustaban y que no encontraba en ningún sitio y eso que por mirar no había sido. Había decidido compartirlos con sus compañeros de colegio. Se sentía muy bien y cuando se iban la abuela Francisca se acercó a él y le dijo:

- Continúa por ese camino, llegarás a ser un hombre de bien.

- Gracias eso es amor de abuela, ¿a qué si?. Os quiero mucho a todos.

Las despedidas siempre son tristes y las lágrimas discurrían por las mejillas de más de uno, sobre todo de los más sensibleros. En esta ocasión se habían contagiado unos de otros y lloraban en su totalidad y eso que dentro de poco tiempo volverían a reunirse, tenías muchas celebraciones familiares a lo largo del año, la más importante y más inminente era la incorporación de un nuevo miembro de la familia que nacería en pocos meses.

La familia debe estar unida por encima de todo.

Este es un claro ejemplo de cómo puede conseguirse y no se necesita demasiado esfuerzo, solamente un poco de buena voluntad por parte de todos y el deseo de querer hacer las cosas bien.

Puerta con campanil. Pirineos.

AUSENCIAS

Me encontraba fatal. Acababa de llegar a casa después de finalizar el examen de Filosofía, que me había traído de cabeza, y no lo hice como esperaba. Llevaba estudiando alrededor de dos meses y en hora y media lo tiré todo por la borda. No era mi día, y aún no sabía cual era el motivo. Estaba intranquilo. ¡Era un verdadero desastre!. Lo comprendí en el mismo instante de sentarme y tener frente a mi el papel en blanco que tendría que rellenar y el bolígrafo en la mano.

Me cambié de ropa, algo más informal y cómoda. Busqué en el frigorífico un yogur desnatado de fresa. Cogí una silla de la cocina y allí mismo lo tomé, y en cuatro cucharadas vacié el contenido del vasito de plástico.

Después salí a pasear para mentalizarme de que debería realizar el examen de recuperación dentro de unos días. ¡qué remedio!. Llevaba las manos metidas en los bolsillos y con la cabeza baja iba pegando paraditas a todo lo que encontraba por el camino: guijarros, chapas, alguna bolsa de plástico y comprobé que las calles no estaban muy limpias.

En esos mismos instantes pasaron dos chicos con los monopatines haciendo un ruido infernal. Iban comiendo patatas fritas. Acabadas, tiraron las bolsas al suelo. Les llamé la atención, por la falta de civismo, y lo único que me respondieron fue: *"Que lo recojan los barrenderos que para eso les pagan"*. Me quedé de una pieza ante estas palabras. ¡Qué mal educados!.

Una vez que desaparecieron de mi vista, lo recogí y busqué una papelera para depositarlo y comprobé que no había ninguna que se mantuviera fija en todo el parque. Unas tiradas por los suelos desprendidas de las farolas, otras quemadas. Al final lo deposité en una que encontré después de andar un buen rato que se mantenía ladeada y a punto de caerse. Continué andando un poco preocupado por esa acción de los chicos y por los gamberros que casi todos los fines de semana se dedicaban a destruir todo lo que encontraran a su paso.

Dejé de pensar por un momento en el mal examen que había hecho y cambié mis pensamientos por lo que mis ojos acababan de ver. Los pasos que daba eran cortos. No tenía ninguna prisa. ¿Para qué?. Ya corrí antes del examen para llegar a tiempo, en parte hubiera sido mejor que me retrasase, pero pensando fríamente sobre el tema, el no presentarme tampoco hubiese sido lo más correcto. Los nervios me habían jugado una mala pasada, pero fue en el mismo instante de su iniciación que supe que todo iba a salir de pena.

Caminaba absorto, sin percatarme de las personas que pasaban por mi lado. Un ciclista casi me atropella. ¡Había invadido su carril!. ¡Vaya día!. Todo me salía al revés. El pie izquierdo me acompañaba desde mi despertar y tendría que procurar cambiarlo a lo largo del día.

Vi a lo lejos un banco, pintado de verde y en él sentado un señor mayor, con pelo blanco y bastón. Me acerqué y cuando estaba a su altura pude comprobar que tenía unas ojeras muy pronunciadas. Agaché un poco la cabeza y le pregunté:

- ¿Me puedo sentar en este extremo? —señalé el sitio desocupado. No me respondió. Como estaba cansado no volví a preguntar y me limité a poner mis posaderas en el banco. El señor continuaba en la misma posición y parecía una estatua.

Se produjo un silencio, solamente roto por el piar de los pájaros que permanecían en las ramas o disputándose alguna miga desperdigada por el suelo o por las ruedas de los carritos de los bebés que circulaban por el paseo y que cada vez que

Parque de San Roque, Fuente de la Niña. Guadalajara.

giraban chirriaban. Se estaba muy bien allí descansando y respirando aire puro.

Hubo momentos en que me sentía un intruso allí sentado, invadiendo la intimidad de esa persona Me levanté para abandonar el lugar y dejar con sus pensamientos al señor y al hacerlo habló sin mirarme:

- ¡Por favor, no se marche!.

- ¿Se encuentra mal? —le pregunté acercándome algo más a su lado.

- Pues si, estoy pasando unos días muy apenados. Me he quedado solo. Mi mujer falleció la semana pasada. La añoro mucho, sin su compañía no soy nadie. Era un pilar para mi. Han sido casi cincuenta años juntos, compartiendo muchas cosas: penas, alegrías, hemos sido muy felices y ahora.....

Empezó a sollozar colocando las manos tapándose la cara. Le puse una mano en su hombro y le dije:

- Tranquilo señor, no llore, es ley de vida y aunque es muy

doloroso debemos ser conscientes de esa realidad —no me salían otras palabras. Era un poco difícil consolar a alguien a quien no conoces.

Las palabras que acababa de decirle no hicieron la mínima mella en su actitud y continuó llorando. Las lágrimas salían a través de los dedos y ya no dije nada.

Permanecí sentado a su lado, sin hablar, con la espalda pegada al respaldo del banco, y me limité a mirarle de vez en cuando, de reojo, para comprobar sus cambios de ánimo.

Allí, callados los dos, éramos observados por los transeúntes que pasaban por el lugar. Me daba un poco de reparo levantarme bruscamente y dejarle solo. Me apenaba verle en aquella situación. No podía hacer nada más. Era muy sensible y aunque no me afectaba, ver a alguien sufrir, me deprimía.

Habían pasado unos minutos desde que pronunciamos las últimas palabras y todo volvía a ser silencio entre los dos. Nuevamente comprobé el reloj e hice ademanes de levantarme y en ese momento el *"compañero de banco"* me cogió del brazo, suavemente, y casi suplicando me rogó que no me marchara, que necesitaba hablar con alguien para desahogarse. Tenía un nudo en la garganta. No deseaba llevarle la contraria, le veía tan mal que no sabía como reaccionar ante esta inesperada postura. A pesar de todo aguanté y ya no volví a intentar marcharme. Tenía el corazón oprimido y permanecí sentado esperando algún cambio. Rompió el silencio.

- Si quiere andamos un poco, posiblemente me encuentre mejor —habló tímidamente, pero en esta ocasión me miró fijamente a los ojos.

- Como quiera —respondí rápidamente sin darle casi tiempo para acabar la frase. Deseaba levantarme. Me encontraba incómodo. Y no podía decir que no, tenía frente a mi un muro infranqueable. Permanecí a su lado, compartiendo su dolor.

Nos dirigimos hasta una cafetería cercana. En el umbral de la puerta habló con cierta timidez:

- Estoy de luto, no creo conveniente.....

- *Ya lo sé —le corté su frase- pero solamente vamos a tomar algo caliente, lo necesita, está algo destemplado y le hará bien.*

En ese punto arranqué una ligera sonrisa de mi recién estrenado amigo. La cual duró tan poco tiempo que si no le hubiera estado observando ni me hubiese percatado de ello.

- ¿No tiene hijos? —le pregunté una vez que acabó de tomarse el café con leche caliente.

- Sí, uno, está en Buenos Aires. Perdí contacto cuando cambió de domicilio y de eso hace ya veinte años. Me devolvieron las cartas que enviaba cada mes, indicándome en el sobre *"desconocido"* y así una tras otra y como él tampoco se ponía en comunica-

Otoño en la Rosaleda. Guadalajara.

ción conmigo, ya dejé de escribir. Se me acumulaban las cartas y al final opté por tirarlas a la basura, ya estaban amarillentas. Más tarde mi mujer se puso enferma, de un virus nos dijeron los médicos, y al final murió. Estuvo así casi tres años y después de tanto sufrir falleció sin saber nada de su hijo, si vive o no. Es una pena. La casa se me cae encima y no se que hacer.

Una vez que acabó de contarme sus desgracias me preguntó:

- Y tú, ¿vives con tu familia?.

- No, comparto piso con otros dos chicos y así nos sale más económico el alquiler. Mis padres son agricultores y viven en el pueblo. Tengo más hermanos y realizan un gran esfuerzo para sacar adelante a todos. De vez en cuando doy clases para sacar algún dinero.

- Tienes voluntad, se te nota en el poco tiempo que he hablado contigo. Llegarás lejos. Fui maestro y tengo una intuición que aún mantengo desde mis tiempos en los que me dedicaba a la enseñanza.

- Eso es precisamente lo que quiero, llegar lejos y por esa razón debo seguir estudiando, y a propósito de estudiar, hoy he tenido un examen de Filosofía, del que no he salido muy bien.

- Pues no te quito más tiempo. Agradezco tu compañía. Te he robado unos minutos preciosos y perdona por mi exceso de confianza al tutearte. Nosotros siempre llamábamos de usted a los alumnos y de vez en cuando se me olvida. Ahora ha cambiado por completo, los chicos y chicas tutean a los profesores, pero no por eso les pierden el respeto. Los tiempos son distintos.

- No hay porque darlas. Es bueno compartir penas con los demás algunas veces, se siente uno mejor.

- En eso tienes razón, lo que pasa es que me costará mucho tiempo olvidar este mal trago que me ha tocado vivir. La vida continúa. El tiempo no se interrumpe por las desgracias, ni por las alegrías. Sigue su rumbo.

Le estreché la mano como despedida y salí de la cafetería camino a casa. No giré la cabeza y continué andando. Aún tuve tiempo de ver a más gente por el parque, ya de recogida. La tarde iba cayendo y refrescaba un poco. Los últimos días de octubre daban por finalizado el mes y los árboles empezaban a despojarse de sus hojas.

En la soledad de mi habitación pensaba en el señor triste y desconsolado. Poco a poco fui olvidando ese encuentro fortuito. Tenía tantas cosas en la cabeza que esa tarde formaba ya parte de mi pasado. Aprobé el examen de recuperación con un notable. Ya no tuve que repetir ninguno más.

EL DUENDE AVENTURERO

¡Qué calor!. ¡Qué bochorno!. ¡Esto es horroroso!. No hay quien lo aguante.

Un duende vestido de azul clarito y asomado en una de las ventanas de su seta hablaba solo mientras se abanicaba con una postal que había recibido el día anterior de un primo suyo que vivía en lugares algo más diferentes del suyo que para darle envidia se la remitió de una playa con mucha gente tomando el sol, con unas aguas claras, cristalinas, azules y sosegadas que invitaban a presentarse allí y pasar unos días de descanso y relajación.

Estaba muy lejos de esa tranquilidad que le mostraba la postal y como tenía que resignarse ante la imposibilidad de ir hasta allí, por dos razones muy importantes: primero la lejanía y segundo el dinero, o al revés, primero uno y luego el otro, optó por salir de su domicilio setil y adentrarse en el bosque, muy cerca del lugar donde vivía, para no soportar las altas temperaturas que el verano caluroso estaba haciendo y que era un auténtico horno. Los termómetros tenían un trabajo extra y deseaba buscar una sombra donde cobijarse hasta que el calor fuera menos fuerte y poder volver a casa.

Cerró la puerta, sin echar la llave, regresaría pronto, una vez que el sol se ocultara tras la montaña y mientras eso ocurriera se quedaría entre los árboles y los arbustos del bosque para calmar ese cúmulo de calorías que guardaba en su diminuto cuerpecillo y poder descansar acabado el día.

La postal le acompañaba haciendo las veces de abanico y de vez en cuando echar una ojeada y ver de nuevo ese paisaje tan bonito y atrayente. Algo le calmaba, no demasiado, pero al menos mientras se daba aire sentía un gran alivio, en otras ocasiones tomaba una hoja de cualquier árbol que encontraba de camino e igualmente se abanicaba con ella.

Iba andando despacio, no avanzó mucho trecho desde que salió de su casa, el fuerte calor se lo impedía. Se sentó en una piedra que permanecía incrustada en el suelo, bastante incómoda por cierto, pero estaba cansadísimo y sudaba la gota gorda, tanto que, ya ni el abanicarse le daba el alivio deseado.

El calor era insoportable. Se secaba el sudor con un pañuelo, que sacaba de un bolsillo. Se tumbó en unas hojas blanditas a la sombra y algo húmedas, cerca del río, y algunos rayos de sol penetraban a través de las altas cúpulas de los árboles e intentó colocarse de tal manera que no le diera éste en la cara. Encontró la postura adecuada y se quedó un poco traspuesto y relajado.

Llevaba como una hora tranquilo y sin tanto calor cuando le despertó un olor que llegó de repente. Era tan agradable que se levantó como si tuviera un resorte y se puso de pie.

Comenzó a andar y los pasos le llevaron, después de un buen rato caminando, siguiendo el aroma, hasta el final del bosque y allí encontró muchas casas, grandísimas, con unas altas chimeneas escupiendo humo que se elevaban a una considerable altura.

Se quedó parado, asombrado. Le dolía el cuello de tanto mirar para arriba. Seguía con la vista los humos que salían de las chimeneas. Todos se unían, en total de doce y avanzaban por el lugar donde acababa de llegar y desaparecían entre la inmensidad del bosque, juntándose en ocasiones con las nubes que se dibujaban en el cielo azul y con los altos árboles.

¡Qué bonito!. ¡Qué espectáculo tenía ante sus ojos!. Nunca había visto nada parecido. Estaba algo alejado de su seta, no lo calculaba con exactitud, pero por lo cansado que se sentía debió andar durante mucho tiempo.

Béjar. Salamanca.

Se puso a caminar nuevamente en dirección a las casas grandes. La maleza era un poco alta para su pequeño tamaño y le costaba un gran esfuerzo dar dos pasos seguidos, pero con tesón y cabezonería lo consiguió. ¡No faltaría más!. Él quería saber y ver lo que allí había y no se iba a quedar sin saberlo por nada del mundo.

El sol fue ocultado por algunas nubes desperdigadas que lo llevaron hasta desaparecer detrás de las montañas al caer la tarde. Las luces de todas las casas se fueron encendiendo. No veía muy bien en la oscuridad y por esa razón decidió pararse junto a un tronco y en ese lugar descansar y pasar la noche. No podía, pero tampoco quería regresar a su vivienda setil, deseaba comprobar lo que existía en esos edificios que tenía tan cerca y que nunca había visto. Además de noche se perdería y no encontraría su casa, por esa razón optó por quedarse allí, tranquilito y agazapado.

La temperatura nocturna era la ideal y durmiendo a la intemperie sin aguantar ese calor en el interior de la seta, pues aún mejor. Si lo hubiera descubierto antes, algunas noches más lo hubiese puesto en práctica. Todavía no era muy tarde para ello, aún quedaban muchos días de calor.

A la mañana siguiente el trinar de los pájaros le despertaron de su agradable y relajante sueño. Durmió de un tirón toda la noche, hacía mucho tiempo que no dormía tan bien. Se sentía muy feliz de ese descanso nocturno.

Comenzó a caminar en dirección a las casas grandes. ¡Cuántas hierbas!. No puedo pasar. Esto de ser tan pequeño tiene sus inconvenientes y sus cosas positivas por supuesto que también, ya que puedo estar sin probar bocado durante varios días y sin beber otro tanto y andar sin cansarme también, pero con todos estos impedimentos me está resultando muy difícil acceder hasta el lugar donde deseo —mantenía ese monólogo mientras intentaba salir de aquel lugar que le sirvió de cobijo esa noche.

Según se iba acercando tuvo una duda en si continuar o dejarlo y volver a su casa. La decisión inicial se convirtió en temor y el no saber lo que se encontraría al llegar a ese lugar le hizo pararse y no proseguir, momentáneamente.

No lo había pensado antes con tanto detenimiento. Todo eso era nuevo para él. Podría pasarle algo y en ese repentino afán de conocer no incluía el miedo al inicio, pero según se acercaba se iba apoderando de todo su cuerpo de una manera rápida e incontrolable.

La curiosidad, como casi siempre supera al miedo, al menos en una primera decisión y por esa razón sus pasos iniciaron nuevamente la marcha. La segunda opción quedó olvidada en el mismo momento que comenzó a avanzar hacia su objetivo.

Llegó a un claro, superando toda la espesura y lo que vio fue tan sorprendente que se quedó sin habla que ya ni el monólogo se produjo.

Había unas personas transportando cajas de cartón en unas carretillas y en una ráfaga de aire le vino el aroma que anteriormente le pareció tan agradable y ahora estando más cerca era aún mejor.

Con la naricilla para arriba inhaló todo lo que pudo. Y no se acercó demasiado pues eran super-gigantes comparados con su diminuta estatura.

Buscaba por allí cerca algo donde sentarse. Estaba cansado de tanto andar. Y al volverse con lo que se encontró fue con un zapato grandísimo y elevando la vista puedo ver al dueño del mismo.

El cuerpo se le paralizó. Si le pisaban estaba perdido. Nada ni nadie podría salvarle. ¡Hubiera llegado el fin de sus días!. Tendría que correr para escapar de esa situación, pero debido al miedo terrible que le dominaba por completo, no se podía mover, parecía estar pegado al suelo.

Y se le presentó un dilema gordísimo: la manera de llamar la atención del "gigante" y evitar que se produjera el pisotón con las temidas consecuencias de dejar este mundo en unas décimas de segundo.

Intentó gritar. Todo fue inútil. Su voz se perdía y no llegaba ni al cordón del zapato del gigante, que podía considerarse su enemigo en esos momentos, mientras no se demostrara lo contrario. Sudaba tanto que no tenía ni tiempo de quitarse el sudor, sobre todo debido al pánico que le invadía.

¿Qué podía hacer?.

Comenzó a andar de un lado para otro. Mirando de reojo por si acaso se movía. Y pensó la forma de hacerse oír. Se le ocurrió una idea que creyó que era la más idónea y la trató de brillante, pues para eso él era el autor de la misma. ¡Soy increíble y único!, espero que de resultado.

Cogió una hoja de unos arbustos. La colocó en forma de embudo, se la puso en la boca y sopló. Pero nada, de allí no salía ningún sonido.

¡Qué extraño!, con lo bien que se me daba hacer ruido con las hojas, debe ser que voy perdiendo facultades. Serán los años. Eso no puede ser. Lo volveré a intentar nuevamente y espero que ahora salga bien.

Sopló muchísimo con fuerza y en esta ocasión el sonido que salió a través de esa hoja fue tal que hasta los pájaros salieron en bandadas hacia un lugar indefinido del horizonte. Los transportadores de cajas pararon en su trabajo y entonces el pie del gigante se movió para atrás y seguidamente se agachó y casi de una forma microscópica vio al diminuto personaje.

- ¿Quién eres?.

Sin quitarse la hoja de la boca, pues le ayudaría a entenderse con el humano, haciendo las veces de eco, habló, ya sin asustarse, lo que sucediera a partir de esos momentos no podría evitarlo, la suerte estaba echada.

- ¿Quién eres tú? —volvió a preguntar.

- Soy un duende que vivo al otro lado del bosque y atraído por un agradable olor he llegado hasta aquí, no sin muchas dificultades.

- ¡Ah!. Ya comprendo. La fábrica de galletas es la que te ha traído a este lugar.

- ¿Galletas?. ¿Qué es eso?. No he oído nunca esa palabra.

- Un alimento muy bueno, completo y nutritivo que consumimos los humanos. Tanto los niños como los ancianos, pasando por todas las edades intermedias, son los que comemos este producto que está delicioso.

- Yo nunca he comido galletas y si están tan buenas como dices, ¿podría probarlas?.

- Claro que si, eso está en mis manos.

- Gracias, te lo agradezco. Me gustaría saber como te llamas, sobre todo para llamarte por tu nombre.

- Mercedes, me llamo Mercedes.

- ¡Qué nombre tan curioso!. Pero me gusta, suena bien. Yo me llamo Rispi, del cual no se el significado y te agradecería

Béjar. Salamanca.

me cogieras con tu mano y así evitaré que me aplastes con ese pie tan grande que tienes.

- Va en proporción con el cuerpo y no es demasiado. Hay otros que incluso se podrían dormir colocándose en posición vertical, ese no es mi caso, pero para ti, por supuesto, soy muy grande.

Mercedes, siguiendo la petición del duende, se agachó, lo recogió del suelo y lo puso en su mano y el duende habló, sin dejar la hoja, le estaba ayudando mucho a entablar una conversación con un humano. ¡Nunca lo hubiera imaginado!.

- Eres una mujer, ¿no?.

- Si, creo que está muy claro.

- Me alegro, creo que nos vamos a entender muy bien y si mi das a probar esas galletas tan aromáticas te lo agradeceré y nos llevaremos mucho mejor.

- Vamos a por ellas.

Se acercaron a la fábrica y entraron en el interior de uno de los edificios en los cuales en esos momentos las estaban haciendo.

Mercedes saludaba a los que trabajaban con la mano derecha, pues el duende iba transportado en la izquierda. Pasó desapercibido. Era tan diminuto que solo le veía ella y eso si se acercaba mucho porque sino tampoco.

- ¿Te conocen?. ¡Qué bien!.

- Por supuesto, trabajo aquí. He salido un instante a tomar un poco el aire y te he encontrado, bueno mejor dicho, tu me has encontrado a mi.

- Este lugar es precioso. Se respira una tranquilidad que invita a una relajación. Es como un paraíso.

- Tu lo has dicho y con mucha razón, aquí se olvidan los problemas momentáneamente.

- Tu tienes algunos, ¿verdad?. Por la voz se nota algo de tristeza en tus palabras, ¿me equivoco?.

- No, no te equivocas, has acertado.

- Si quieres desahogarte me lo cuentas, si te sirve de algo, soy todo oídos, no tengo prisa, soy muy paciente y me gusta escuchar a los demás, sobre todo si son problemas, siempre procuro ayudar en lo que puedo y dentro de mis posibilidades y conocimientos.

- Más tarde, ¿de acuerdo?. Cuando acabe con el horario de trabajo. Ahora debo concentrarme. Te voy a colocar en mi hombro, las manos las necesito para coger las galletas y meterlas en las cajas.

- Me parece bien, es una idea estupenda, pues desde esa posición tendré una visión más completa de todo lo que se hace en este lugar. ¿A propósito?. ¡Quiero probar las galletas!. ¡Me lo has prometido y aún estoy esperando!.

- Perdona Rispi, se me había olvidado del todo. Tengo tantas cosas en la cabeza que dejé en otro lugar de mi mente tu amable petición.

- Puedo esperar, no tengo nada de prisa. Como poco. Mi estómago es de miniatura igual que el resto de mi cuerpo. Tranquila mujer, no soy un duende impaciente y mi espera se puede prolongar durante días. Me puedo pasar días sin probar bocado, pero en esta ocasión si me apetece probarlas lo antes posible.

- No seas tan exagerado. Ahora mismo te doy a probar este delicioso alimento, que seguro te gustara.

Cogió una galleta de cereales, que era las que en ese momento estaba embalando Mercedes y tuvo que partirla en trocitos, casi desmenuzada, pues la galleta abultaba más que él.

- Muchas gracias amiga.

- No hay por que darlas. No se merecen. La empresa no se va a arruinar por probar unas cuantas galletas y tu con una tienes para mucho tiempo.

Se sentó en el hombro de Mercedes eligiendo una postura cómoda y sujetando entre las piernas el trozo de galleta y comenzó a hincarle el diente.

- ¡Qué buena!. Está deliciosa.

- Me alegro que sea de tu agrado. Si quieres más solo tienes que pedírmelas y tus deseos serán órdenes para mi.

- Por ahora tengo suficiente y creo que no podré acabármela en un solo día, es muy grande para mi. Lo dejaré para otro día y probaré de otros sabores, si no tienes inconveniente.

Cuando quieras, tenemos más de veinte variedades diferentes.

- No voy a tener más remedio que quedarme unos cuantos días más por aquí, tengo mucho que ver y qué comer.

- Serás mi invitado, si así lo deseas. Puedes quedarte el tiempo que quieras.

- Muchas gracias amiga. Acepto tu ofrecimiento con mucho gusto. Permaneceré contigo algún tiempo y además ocupo tan poco que ni sabrás que estoy.

- Gracias Rispi, serás bienvenido a mi casa, ahora y siempre que quieras.

Tocó una campana que indicaba la salida de ese turno en el cual trabajaba Mercedes.

- ¡Por fin!. Ya he acabado por hoy la tarea del día, mañana más. Me quito la bata y en un instante nos vamos a la calle y te enseñaré mi pueblo y alrededores.

- *"El país de las galletas".*

- Por supuesto, has dado en la diana. Esa denominación es una de las más exactas que se pueden aplicar a este lugar tan bonito, agradable, sosegado y tranquilo, situado en un paraje paradisiaco.

- ¡Y que huele estupendamente!. Es una gozada estar aquí. A partir de ahora seré un asiduo visitante de este lugar.

- Serás bien recibido siempre que quieras venir por aquí, estaré esperándote.

- Gracias amiga, no esperaba menos de ti. Eres una buena persona y mi mayor deseo es que todo te salga bien y cuenta con mi apoyo incondicional y mi ayuda para todo lo que esté en mis manos, que aunque son pequeñas, se pueden abrir en momentos de desgracias y de penas, fortalece mucho, te lo digo con el corazón en la mano figuradamente se entiende.

- Eres un buen amigo duende. Aunque seas diminuto el corazón lo tienes muy grande.

- La melancolía te embarga querida amiga y me apena mucho verte así. Los duendes somos seres muy sensibles y nos sentimos tan tristes como las personas a las que conocemos y apreciamos.

- Algún día se solucionará todo y solamente quedará como un mal recuerdo.

- Mercedes, ¿me permites una pregunta que me tiene muy intrigado? Seguro que existirá alguna alegría que te habrá quitado esos sinsabores, no?

- Por supuesto.

Puesta de sol. Islas Canarias.

- La vida es un poco triste, no? sobre todo para vosotros los humanos. Y eso que tenéis una vida más corta que nosotros, que podemos llegar a una edad de doscientos cincuenta años cuando la vuestra es de ochenta, poco más o menos, ¿no es así?.

- Algo así, pero, ¿tantos años podéis tener vosotros?. Preguntó extrañada Mercedes.

- Claro, nuestra raza es longeva, y lo digo todo orgulloso y como podrás comprobar estoy muy enterado en temas de todo tipo para luego poder opinar sobre ello.

A Mercedes se le dibujó una sonrisa en su cara triste que le iluminó el rostro por unos instantes, lo que hizo ponerse muy contento a su recién estrenado amigo el duende Rispi.

- Estás muy guapa cuando sonríes, ¿te lo han dicho alguna vez?.

- Claro que si.

Después de esta escueta respuesta volvió a sumergirse en sus pensamientos.

Rispi no estaba dispuesto a que esto pasara y le dijo:

- Vamos mujer alegra esa cara. ¿Qué puedo hacer para que tu cara resplandezca con esa sonrisa que seguramente tendrás oculta?.

- Nada. Con tu compañía me siento muy bien. Me alegra mucho haberte conocido y me estás ayudando con tus palabras alentadoras que las necesitaba desde hacía muchos años.

- Yo también me alegro de conocerte. ¿Podría pedirte un diminuto favorcillo?.

- Lo que quieras. Dime.

- Déjame en el suelo, tengo que recoger otra hoja, pues de tanto hablar se ha roto, ya que de otra forma no me puedo entender contigo. No me oirías, mi voz no te llegaría y no podríamos mantener una conversación como la que estamos teniendo en estos momentos.

- De acuerdo.

Una vez en tierra no tardó demasiado en encontrar lo que iba buscando. Se la colocó en la boca y realizando la misma operación se puso nuevamente en contacto con su nueva amiga que lo recogió con la mano y se lo puso en el hombro cerca del oído para poder escucharlo mucho mejor.

- Rispi, ¿dónde y cómo vives?.

- Ya te dije que pasado este bosque en una seta. En la que tengo todas las comodidades, pero debido al insoportable calor que estaba padeciendo me adentré mucho más en el bosque para buscar un lugar más fresquito, pero siguiendo el aroma de estas riquísimas galletas he llegado hasta aquí y he tenido el placer, el gusto y la suerte, por cierto bastante agradable, de conocerte.

- Yo también estoy encantada de ser tu amiga. Aunque la diferencia de estatura sea tan abismal. Ahora si deseas te enseñaré un lugar precioso cerca de donde trabajo y donde suelo ir cuando la tristeza se apodera de mi.

- Con mucho gusto, estaré encantado de conocerlo, ya que me gusta ver y apreciar cosas nuevas, soy muy curioso y siempre con deseos de aprender.

Era un río con unas aguas limpias y cristalinas. Los peces nadaban de un lado para otro sorteando las piedras que en el fondo descansaban y libres de pescadores que disfrutan con sacar a los inocentes animalillos de su tranquilo hábitat, y como allí no había cañas de pescar, los peces estaban muy felices y contentos.

- ¿Qué te parece el lugar, te gusta?.

- Es asombroso. Antes he visto el agua en grandes proporciones.

Sin dar opción a su amiga a que hablara, metió la mano en el bolsillo y sacó la postal enviada por su primo y se la mostró a Mercedes indicándola que tendría que coger una lupa para poder verla.

- Me lo cuentas y así me lo imaginaré.

Le hizo tal descripción, de tanto verla le había dado tiempo para prepararse casi un pequeño discurso sobre la misma, que ella quedó conforme.

Se sentó junto a una gran roca cerca de ese tranquilo río. Rispi en su hombro. Y cogiendo una rama caída a su lado movió las aguas y estas dibujaron unas ondulaciones artísticas y los peces huyeron ocultándose debajo de las piedras. Cuando quedó nuevamente en reposo el sol se reflejó en ellas y los peces volvieron a aparecer tímidamente.

Pasadas unas horas tranquilas junto al río regresaron al pueblo dejando a un lado la fábrica y entraron en la casa.

Los días siguientes fueron muy dulces para Rispi. Pues probó el resto de las galletas. Y como todas le gustaron no tuvo preferencia por ninguna de ellas en particular, no hacía ascos a la gran variedad de modelos y sabores que Mercedes le ofrecía.

Se despidió de su nueva amiga y se disponía a marcharse a su domicilio setil, el cual había abandonado momentáneamente y habían pasado ya unos cuantos días, debido al grato aroma que provenía de la fábrica de galletas que había descubierto a través de su agudizado olfato, cuando recordó que no había invitado a su amiga a que le visitara. Para lo cual le dio unas cuantas instrucciones fundamentales para acceder a ese lugar diminuto, bonito y de difícil acceso, donde vivían los duendes, felices y en unión, aunque cada uno estuviera en su seta.

- Lo mejor será –dijo Mercedes- que vaya contigo ahora mismo y así me vas informando de todo según avanzamos.

- Eso me parece una buena idea, y me gusta mucho más, de esa forma no pondrás excusas para hacerme la visita. Cuando lo desees nos ponemos en marcha.

- Ahora mismo, no perdamos más tiempo.

- Estupendo.

Y se pusieron en camino y él continuaba en su hombro para poder llegar cuanto antes.

No tardaron mucho en presentarse en el lugar donde habitualmente vivía el duende. Fue una gran sorpresa para ella encontrar un pequeño bosquecillo todo repleto de setas con ventanas y chimeneas.

Los demás duendes al comprobar que había llegado un humano a su territorio cerraron rápidamente todas las puertas y ventanas, ¡como si con eso arreglaran algo!, si con un pisotón todo desaparecería, pero al ir advertida por Rispi del riesgo que corrían todos sus amigos, tuvo mucho cuidado de no aplastar nada ni a nadie, lo cual era bastante complicado, pero al final no pasó ninguna desgracia.

- ¿Qué te parece? –preguntó todo orgulloso.

- Precioso. No me salen las palabras para elogiar el lugar y hacer una descripción de lo que tengo ante mis ojos es bastante complicado. No me lo esperaba.

Lago de Sanabria. Zamora.

- Ya sabes, cuando desees venir por aquí solo tienes que decírmelo, serás bien recibida y mis amigos quedarán todos advertidos de tu llegada y les diré que no tienen que preocuparse por nada, yo me encargo de organizarlo todo.

- ¿De qué modo sabrás cuando vengo a visitarte? —dijo extrañada.

- Fácil, nos vamos a comunicar a través del sonido de las hojas. Tienen un alcance largo y en cualquier momento nos podemos ver. Tu llegarás antes que yo porque tu zancada es más grande, a mi me costará más tiempo venir a verte, pero vendré, ten la seguridad de que lo haré. Como podrás comprobar aquí se respira un aire distinto. Las penas se olvidan, lo da el ambiente, te vendrá muy bien acercarte, ya lo irás comprobando personalmente.

- Te lo agradezco. Lo tendré en cuenta para días sucesivos. Ahora debo marcharme. Mañana tengo que trabajar y te espero cuando quieras visitarme y por supuesto comer todas las galletas que te apetezcan.

Metió la mano en el bolsillo del pantalón y sacó unas cuantas galletas que entregó a Rispi.

- Para que pruebes otros sabores, ya me dirás cual es tu preferida, siempre hay alguna que gusta más que otra.

- Muchas gracias amiga, me voy a volver goloso a partir de este momento.

- No hay porque darlas, así cuando comas las galletas te acordarás de mi.

- De todas formas siempre te tendré en mente. Y ahora te voy a acompañar un ratito y así tardamos menos, no sea que te equivoques de camino y no llegues en toda la noche.

- Me parece bien, muchas gracias.

Se despidieron y quedaron muy contentos de haberse conocido.

Rispi le escucharía en todo momento que ella quisiera abrir su corazón a un amigo. Solamente tendría que hacer sonido con las hojas y rápidamente él se presentaría y le haría compañía y ella le volvería a dar esas galletas que tanto le gustaron el primer día que las probó.

A partir de ese momento se vieron más a menudo. Rispi frecuentaba más a su amiga que al revés, como ella trabajaba no tenía tanto tiempo libre como el duende que disfrutaba de su compañía y de las galletas. ¡Menudo descubrimiento había hecho!.

EL PEQUEÑO TOMMY

La monotonía reinaba en el lugar, en ese pueblo tranquilo y aburrido, en el cual nunca pasaba nada de particular, solamente lo cotidiano, lo de todos los días: los hombres, la mayoría labradores, marchaban de madrugada a los campos, algunos regresaban para almorzar con su familia, en cambio otros, los de mayor número no lo hacían hasta el atardecer o cuando era totalmente de noche.

Las mujeres permanecían en el pueblo para el arreglo de la casa. Los ancianos, en el buen tiempo sentados al sol recordaban su juventud, sus aventuras vividas, en definitiva, todo lo que habían dejado atrás y que ya no volvería, ya solo les quedaba recordarlo como algo pasado.

En el mal tiempo permanecían al calor de la lumbre de la chimenea. Los niños iban a la escuela, algunos contentos y deseando llegar lo antes posible, otros al contrario, se hacían los remolones y después de mucho regatear y hacer novillos a sus madres o abuelos, no sin antes recibir algún que otro azote en el trasero, entraban como corderitos, ¡qué iban a hacer si no!.

En fin, un pueblo apacible, como muchos que hay desperdigados a lo largo y ancho de la península ibérica. Si se celebraba algún acontecimiento fuera de lo corriente, ya fuera boda, bautizo o cualquier otro acto social, se armaba un gran revuelo, sobre todo por los más pequeños que siempre estaban en medio del cotarro para enterrarse de lo que allí sucedía. ¡No querían perderse ningún detalle!.

Una vez aclarados algunos conceptos relativos al pueblo donde sucederá toda la historia, el tema de la misma es muy grande en contenido:

"Una mañana de primavera, al abrirse una de las puertas, como a diario se abrían para comenzar el trabajo cotidiano, la persona que lo hizo se llevó un susto tremendo: en la calle, en el quicio de la puerta se encontraba un cestito de paja. ¡No sabía que hacer!. Ni tampoco sabía en realidad lo que contenía, pero se lo imaginaba por alguna película o alguna noticia en prensa o televisión, pero en ese momento se le había paralizado todo el cuerpo. Una vez que hubo reaccionado llamó a voces a su hermana:

- ¡Irene!.¡Irene!, ven enseguida, baja al portal deprisa.

Estas palabras las tuvo que repetir unas cuantas veces, ya que ésta estaba dormida y más que eran las seis de la mañana. Pasados unos minutos apareció frotándose los ojos y casi tambaleándose.

- Pero Luis, ¿estás loco?. ¡Cómo has podido despertarme a estas horas tan tempranas!, supongo que será para algo importante, porque de lo contrario....

Antes de que pudiera acabar la frase que había empezado su hermano continuó:

- Mira, mira hacia la puerta -le indicó el lugar donde estaba el cestito.

- ¿Qué es eso? -preguntó todavía un poco dormida.

- Ahora lo sabremos. No me he atrevido a tocar nada hasta que estuviéramos los dos juntos.

Luis cogió el cesto por las dos asas y lo metió dentro, cerrando la puerta tras si. Lo colocó encima de la mesa e Irene destapó el "misterio" con sumo cuidado. Este era el más precioso que jamás se puedo uno imaginar: un niño de meses con el pelo oscuro y los ojos negros que les miraba fijamente y con sonrisa en el rostro. Los dos hermanos se miraron sin articular palabra. Pasaron unos minutos de silencio absortos en la total contemplación del pequeño: era una criatura en verdad linda y sobre todo inocente e indefensa. De tanto que le miraban no se dieron cuenta hasta pasados unos

Un atardecer en Guadalajara.

minutos que del cuello colgaba una cadena en la cual se hallaba un pequeño papel.

Irene lo cogió y pudo leer detenidamente y asimilando lo que allí estaba escrito: **"Por favor cuídenle. Trátenle como si fuera su propio hijo, porque a partir de ahora lo va a ser. Se lo agradezco de todo corazón y no se preocupen por mi, me queda poco tiempo de vida y nadie va a venir a reclamarle. Gracias amigos".**

Los dos hermanos volvieron a mirarse sin saber qué decir, ¿por qué habían sido ellos los elegidos en la entrega del niño?, se preguntaban.

Pregunta sin respuesta.

Irene era viuda desde hacía cuatro años, no había tenido hijos, la encantaban los niños y éste era como "caído del cielo". Luis era soltero, no le había entrado en el cuerpo, aún, el gusanillo del matrimonio. Era un hombre muy fuerte, alrededor de los treinta y dos, diez menos que su hermana. Éste rompió el silencio:

- Irene, ¿qué piensas?. Hay que buscar una solución a este hallazgo, que se puede convertir en un problema.

La hermana tardó un poco en contestar y se dirigió a su hermano lentamente, como no queriendo apartar la mirada del niño

57

que la observaba como si la conociera de toda su corta vida, pues no salió una sola lágrima de sus ojitos.

- ¿Qué es lo que decías?. No te he escuchado.
- Me lo imaginaba, ¡no te has enterado de nada!.

Irene asintió con la cabeza, pero seguía mirando al niño y no hacía caso de las palabras que acababa de decir su hermano. Hablaba como una autómata y parecía hipnotizada por la mirada del pequeño. Luis viendo que su hermana no le escuchaba la cogió del brazo y la apartó suavemente unos pasos del lugar donde estaba el cesto de paja, al menos así le oiría.

- Irene, ¡por favor!, vuelve a la realidad, hay que hacer algo, ¡ya!, sin perder más tiempo.
- Está bien perdóname. ¿Qué podemos hacer?.
- Oye hermanita, si yo te pregunto a ti y luego tu me haces la misma pregunta no llegaremos a ningún sitio y estaremos dando vueltas durante horas y horas.

Después de permanecer pensativos los dos hermanos, habló Luis de nuevo:

- Creo que he encontrado la solución, al menos una provisional, iré en casa del juez, le pondré al corriente de todo y él ya me informará de lo tenemos que hacer. Entretanto lo mejor será que le des algo de comer.
- Ahora mismo le preparo un poco de leche.

Irene fue directa a la cocina a preparar la comida al "pequeño visitante inesperado". No tardó mucho en aparecer. Dejó el tazón encima de la mesa, se lo daría con mucho cuidado, ya que biberón no tenía, lo cual era evidente, pero es lo que necesitaba en esos momentos. Sacó al niño del cesto, separó la ropa con la que estaba tapado y arropadito y le levantó. Iba muy limpio, probablemente la persona que lo hubiera dejado le habría puesto muy guapo para que el encuentro fuera satisfactorio y así fue en realidad. Una vez que le hubo sacado de su "nido" le dio el alimento.

- ¡Estaba hambriento! -dijo ahora Luis un poco embobado y con la boca abierta, si la hubiera mantenido más tiempo se le hubiese caído la baba.

Cuando acabó de tomarse la leche le metieron de nuevo en el cesto y en el momento en que el reloj de la plaza daba las once, una hora prudencial, Luis marchó a casa del juez.

La máxima autoridad en asuntos judiciales, era un señor con bigote, un poco calvo, no muy alto, lo que si era cierto es que era simpático y bonachón, pero en lo que se refería a las leyes las cumplía a rajatabla. Él no podía hacer nada al respecto, pero le dio ánimos para seguir adelante, y le ayudaría en todo lo que fuera necesario.

En el pueblo algunas personas se habían enterado del gran acontecimiento y corrían a ver como era ese niño. Estaban situados frente a la casa de los dos hermanos. La gente no se movía, permanecían allí formando corrillos y todos querían ver al pequeño visitante. Luego se produjeron los comentarios como sucede habitualmente, la gente habla por hablar, sin llegar a ninguna conclusión, por la sencilla razón de que no sabían nada de lo que pudieran hablar, pero por no callar.... El clásico cotilleo pueblerino:

- ¿Quién será?

- ¿Por qué lo han dejado en la puerta de Luis e Irene?.

- ¡Qué pasará ahora?. ¿Se quedarán con él?, lo más probable es que si, pero nunca se sabe.

Estas últimas palabras pronunciadas por una de las curiosas mujeres, llegó a oídos de Irene y le entraron escalofríos por todo el cuerpo.

La gente siguió con sus comentarios gratuitos. Pasado un tiempo algunos se marcharon, otros en cambio permanecian en la plaza haciendo corrillos esperando la llegada del juez y de Luis que habían marchado a la ciudad para informarse sobre el asunto en cuestión. Esta se produjo a media tarde. Entraron en la casa los dos hombres y cerraron la puerta. Los demás optaron por marcharse a excepción de algún rezagado que continuó haciéndose el remolón por la plaza por si acaso salían a dar alguna noticia y ser los primeros en difundirla.

Dentro de la casa reunidos los tres en el salón hablaron sobre el tema. El pequeño mientras tanto dormía plácidamente sin saber que era el protagonista de este tinglado. Pasarían unos días hasta que recibieran contestación a su consulta. Entretanto el niño permanecería con ellos. Les habían dado esperanzas pero tenían que esperar el resultado, lo que la justicia decidiera.

Así fue, en efecto: al cabo de unas semanas se recibió una notificación, en la cual se detallaba claramente que el niño podría permanecer con ellos para siempre, pero que deberían personarse por el juzgado de la ciudad para efectuar los oportunos papeleos y dejar todo organizado y en perfectas condiciones y todos los cabos atados, era un asunto muy importante y deberían realizarlo a rajatabla.

*Al día siguiente de recibir la carta y para no perder tiempo partieron en el coche de línea, que iba todos los días a la ciudad y regresaba por la tarde. Allí realizaron todo lo necesario para la "adopción". Le pusieron de nombre Tomás, como el padre de los dos hermanos, al que llamarían luego cariñosamente "**Tommy**" y los apellidos correspondientes a Luis e Irene, como si de repente hubieran tenido un hermano, y así era en realidad.*

Una vez que salieron de inscribirle en el registro fueron de compras, ¡tenía que ir muy guapo en el bautizo que se iba a celebrar el primer domingo del mes en la iglesia del pueblo!.

Sería un acontecimiento único en el lugar.

Llegó el día señalado y éste se celebró con toda sencillez y los más pequeños del pueblo disfrutaron de lo lindo, pues la costumbre, una vez acabada la ceremonia y en la puerta de la iglesia consistía en tirar monedas al algo por parte del padrino, en este caso de Luis. Los chicos caían al suelo apelotonados para cogerlas, cuando estaban agachados volvía a lanzar más con el consiguiente alboroto de toda la chiquillería.

Después se sirvió sangría para todos los asistentes mayores, pues a los pequeños se les daba naranjada. Esas eran las costumbres que siempre se cumplían a rajatabla. La tradición es la tra-

dición y se continuaba de generación en generación y pasaba de padres a hijos.

Habían pasado dos meses desde la llegada del pequeño **"Tommy"** y ya todo era de una normalidad habitual. La curiosidad del primer momento había pasado a un segundo plano, ya nadie comentaba la forma que tuvo el niño de aparecer, ya formaba parte de todos ellos. Le habían aceptado de la mejor manera. Ya era uno más de los habitantes del lugar.

Al cumplir un año de vida ya daba sus primeros pasos y balbuceaba alguna que otra palabra suelta con las consiguientes risas por parte de los dos hermanos. Éstos habían cambiado sus modos de vida, en una palabra: eran otras personas que habían tenido una notable transformación.

Un domingo al levantarse Irene y acercarse a la cama del niño para comprobar si dormía le vio todo pálido. Se llevó un susto tremendo.

- ¡Luis!, ¡Luis!, ven rápido, algo le pasado a Tommy.

- ¿Qué sucede? -preguntó el hermano.

- Mira hacia la cuna, tiene muy mala cara y respira con dificultad. Corre a buscar al médico sin pérdida de tiempo. Estoy muy preocupada.

Luis salió disparado y volvía enseguida con el médico.

- No puedo entender lo que le pasa Miguel -dijo Irene muy nerviosa al médico. ¡Dios mio, te lo suplico, que no le pase nada!.

Mientras Irene se lamentaba exteriorizando sus sentimientos dijo el médico:

- Está muy débil, es preciso llevarle ahora mismo a la ciudad. Prepararle mientras voy por el coche, no perdáis tiempo, coger todo lo que sea necesario, probablemente haya que dejarle ingresado.

Como dijo el médico, así fue en realidad: quedó en el hospital para hacerle todas las pruebas que fueran necesarias. Había sido un problema de corazón y estaba muy debilitado. Permaneció en el centro médico alrededor de dos meses. El doctor especialista en enfermedades cardíacas y que le trató durante todo el proceso, les puso al corriente de lo que tendrían que hacer desde ese momento con el niño.

Cuando salieron del hospital habló Irene a Luis:

- Oye Luis, estoy dándole vueltas y he pensado que, ¿no tendrá la nota que dejaron con el niño alguna relación con la enfermedad de Tommy?.

- Pudiera ser, pero no sabemos si sería el padre o la madre quien la escribió, pero hay que suponer que sea verdad, que uno de los dos estaba enfermo o los dos y que el niño lo haya heredado.

- Lo único que podemos hacer es cuidarlo lo mejor posible. ¡Es nuestro hermano pequeño!.

Los días siguientes a la llegada de la ciudad todo fueron visitas de los habitantes del lugar para interesarse por la salud del pequeño. Lo que agradecieron mucho los hermanos.

Pasaron los días, los meses, los años, Tommy tenía ya cinco y hablaba como una locomotora e iba a la escuela. Le gustaba llevar una gorra en forma de visera y ya sabía leer y escribir y lo primero que aprendió fue su nombre.

Por lo que se refería a su vida familiar Irene y Luis, solamente le dijeron que sus padres estaban en el cielo.

Un día mientras almorzaban Tommy preguntó ante el desconcierto de ambos:

- ¿Me podéis decir porqué tengo unos hermanos tan mayores?, ningún niño de la escuela los tienen, todos son más pequeños, los más grandes son sus abuelos, sus padres, sus tíos.

- Mi amor, ya lo comprenderás con el tiempo -dijo Irene acariciándole el pelo con mucha ternura.

- Oye Luis, ¿me dejas que vaya contigo mañana al campo?, como no hay escuela me gustaría ir, los demás chicos acompañan a sus padres. ¿Puedo ir contigo?. Por favor.

- No cielo mio -se apresuró a decir Irene -no puedes ir, vamos a jugar a lo que quieras y más tarde cuando no haga sol iremos a buscar a Luis al camino y vendremos los tres en el tractor, ¿qué te parece?.

Las Palmas.

Quedó enseguida convencido, como era un niño que nunca se enfadaba todo fue más fácil. Así se cumplió, Luis se fue a trabajar y ellos fueron en su busca cuando el sol se iba ocultando. El termómetro marcaba al menos seis grados menos y se hacía más llevadero.

Al cumplir los ocho años hizo la primera comunión. Estaba muy contento pues había estrenado un traje nuevo y no cabía en si de gozo y alegría. Fue el día más feliz de su vida, nunca lo olvidaría y sus hermanos tampoco.

Y pasaron los años y llegó el día de marchar a la Universidad. Fue un día muy triste en la vida de Irene y Luis. Ahora se había hecho un hombre e iba a estudiar Medicina. Sabía desde hacía mucho el origen de su llegada al pueblo y estaba, por una parte alegre, pero por otra no, ya que no conoció a sus padres y cuando vio la nota que Irene había guardado como una reliquia, unas lágrimas cayeron por sus mejillas. La nota estaba muy desgastada, debido a los dobleces de tanto abrirla, una y otra vez, para volver a leer su contenido y además amarillento por todos los años pasados.

A los cinco años acabó la carrera con premio de honor.

Pasados un par de años abrió un centro para niños desamparados. Él había tenido mucha suerte cuando le dejaron en la puerta de la casa de Irene y Luis. Por esa misma razón quería que los demás también tuvieran un centro donde fueran atendidos.

Y así fue, con el paso del tiempo se ocuparon las plazas del primer centro. Después se crearon más en colaboración con otras personas, pero con su nombre: **TOMMY,** *con el cual se le conocía, ya que el auténtico, el de pila, impuesto en el juzgado y después en el bautismo por los hermanos, permanecía solamente en el libro de familia, pues nadie le llamaba Tomás, sino con apelativo cariñoso y familiar con el que se le conocía.*

Iba con mucha frecuencia al pueblo, siempre que sus ocupaciones se lo permitían. A su querido pueblo que le vio crecer hasta hacerse un hombre.

Irene y Luis se habían hecho mayores y con el pelo blanco, lleno de canas, le seguían llamando "el pequeño Tomy", "su pequeño Tommy". Le habían dado los mejores años de sus vidas y eso lo tuvo en cuenta siempre el hermano menor.

Una tarde que fue a visitarles se sintió indispuesto. Llamado el médico éste ordenó el traslado urgente a la ciudad.

- No, dejarme aquí, no veis que tenía que morir en mi pueblo querido. No hay nada que hacer. El tiempo se me acaba y no hay vuelta atrás.

Mientras Tommy hablaba a los dos hermanos las lágrimas les caían deslizándose por las mejillas con mucha fuerza y sin detenerse. Iban a quedarse sin él. Lo presentían. Su hermanito querido les iba a dejar. La muerte se le iba a llevar, ¿por qué era tan cruel la vida?. ¿No podía llevarse a uno de ellos que habían vivido más?. Eran unas preguntas que no tenían respuesta.

Al cabo de unos días Tommy murió. Todo el pueblo le lloró y le despidió con mucha pena. Se había muerto joven, pero logró lo que más le preocupaba desde que supo la verdad de su vida y no guardaba rencor a sus padres biológicos. No les había conocido, era verdad, pero cuando le dejaron en el cestito de paja por las razones que siempre quedarían en la incógnita.

Había logrado que muchos niños sin padres, por muy diversos motivos, tuvieran casa y eso era en cierta manera una acción a tener en consideración.

En el primer centro que fundó se podía leer en una placa que le dedicaron todos los residentes la siguiente inscripción: **"A nuestro salvador Tommy, el que nunca pedía nada, solo daba su cariño y sus esperanzas. En agradecimiento de todos nosotros que nos ha ayudado mucho en los momentos difíciles, y que pida por todos desde el cielo. Gracias Tommy, siempre te recordaremos".**

Ese día salió el sol, había estado haciendo frío y con niebla durante algunos días y alguien dijo: ¡es un milagro!, ¡una señal de nuestro benefactor!, ¡es una respuesta que nos envía desde el lugar donde se encuentre!, y, ¿por qué no podía ser?.

Irene y Luis murieron de viejos, siempre viviendo con el recuerdo de su hermano pequeño, de su querido hermano, del cual estaban orgullosos por todo lo que había hecho y de lo que ellos fueron los artífices.

EL PIANISTA CIEGO

Pasaba por una calle estrecha, había cambiado el recorrido diario por otra ruta, atajando para poder llegar antes. En el suelo de adoquines, daba el reflejo de las farolas, a la caída de la tarde, debido al agua caída hacía escasos minutos. Cada paso que daba intentaba hacerlo con gran precisión, temiendo caerme, por lo resbaladizo del suelo. Habían pasado veinte días después de acabar una dura rehabilitación y tendría que ir con sumo cuidado para no recaer y volver de nuevo al fisioterapeuta.

Cuando de repente mis pasos hicieron una interrupción brusca, una parada en seco, al escuchar una música suave, lenta y con un sonido bastante agradable al oído, que me llamó notablemente la atención.

No tenía ni la más mínima idea del lugar del que procedía, no era el camino habitual que cogía para regresar a casa, por lo tanto lo desconocía, pero siguiendo la música, igual que se sigue el aroma de una buena comida, llegué hasta una casa grande, a ese lugar es al que me llevó el sonido y pude comprobar que era de allí precisamente de donde salían las bellas notas.

Me acerqué, lo más que pude, hasta una ventana que estaba un poco entreabierta, a pesar de que había llovido, el frío no era demasiado intenso. Puse el oído pegado al cristal y pudo escuchar con gran placer una bella melodía que salía de la enorme casa.

Me quedó absorto y casi mudo de asombro al oír esa belleza musical. Intenté acercarme más para poder ver quien era el artista que interpretaba en su interior esas maravillosas notas con el piano y lo único que conseguí, debido a mi curiosidad, fue que me cayera al suelo produciendo un ruido tan fuerte que la puerta de la gran casa se abrió y salió por ella un muchacho preguntando quién estaba allí.

Me mantuve callado, inmóvil en el suelo, unos minutos más, ya que el golpe, muy aparatoso por cierto, me dejó paralizado y temiéndome lo peor, una recaída hubiese sido fatal para mi pierna.

La persona que acababa de salir de la casa se quedó quieto en el quicio de la puerta, sin apenas moverse, igual que yo, ni siquiera pestañeaba.

- ¿Quién está ahí fuera? –volvió a preguntar.

No me movía, casi ni respiraba.

Empezó a tantear la pared y como yo no di un solo paso, seguía en la misma posición, estaba petrificado como una estatua, al final llegó hasta donde yo estaba. Comenzó a tocarme la cabeza. La respiración se paró por décimas de segundo, más hubiese sido fatal.

Pasado un cortísimo intervalo de tiempo, tan escaso que no se podía precisar con exactitud. Levanté un brazo e hice un ligero movimiento con la mano delante de sus ojos y pude comprobar que no pestañeaba, pero sus ojos los tenía clavados en los míos.

Me levanté con cuidado, comprobando que la pierna, debido a la caída, no se había resentido, ¡menos mal! y le dije tímidamente:

- Discúlpeme por mi atrevimiento, mi curiosidad ha sido la culpable de todo este desaguisado.

- ¿De que me habla? –contestó él.

- Por asomarme en una de sus ventanas, por romper su intimidad, pero es que atraído por esa bella música no he podido por menos que acercarme para poder escuchar, más de cerca, las delicadas melodías que salían al exterior, a propósito, ¿por qué ya no se oye?.

- Sencillamente, porque era yo quien tocaba y como no se puede estar en dos sitios a la vez, si en estos momentos estoy aquí hablando con usted no puedo permanecer dentro, eso es comprensible.

- Si, si, por supuesto..., ¿pero cómo...?.

Me cortó la frase para seguirle él:

- ¿Cómo se las arregla un ciego para tocar el piano, no es eso lo que me iba a decir?.

- Si, pero... —titubeé de tal forma que las palabras no me salían y continuó:

- Pasemos dentro de la casa, si así lo desea, estará un poco más cómodo que aquí en la calle y además está lloviznando y se va a mojar. Le interpretaré algunas melodías esperando que disfrute con ellas, tanto como yo cuando mis dedos se deslizan por las teclas, me convierto en otra persona, y me olvido de todo lo demás, de todos los problemas que nos acechan cada día.

Intenté sujetarle el brazo para conducirle hasta la entrada, pero de una forma bastante educada me impidió hacerlo.

Marchaba detrás de él temiendo que se cayera.

- No se preocupe, no me caeré, lo tengo todo controlado.

Una vez dentro de la casa fue directo al lugar donde estaba colocado el piano. Se sentó, me indicó igualmente que tomara asiento en el sitio que más me gustara y comenzó a tocar.

Quedé fascinado y admirado de la forma tan maravillosa que tenía de interpretar. Sin partituras. No las necesitaba. El mérito era más grande.

Cuando finalizó se dirigió hacia mi y me preguntó:

- ¿Qué le ha parecido?, espero no haberle defraudado, ya que el menos que se ha interesado por escuchar esta música, mi deseo es que le haya gustado y se lo haya pasado bien y habrá estado más cómodo dentro que hay fuera con toda la humedad del agua caída.

- Claro que si. Referente a su interpretación ha sido realmente magnífica y espléndida. Elogio y aplaudo su forma de tocar, con toda sinceridad, ¿cómo ha aprendido?.

- Un profesor que se dedica a enseñar a personas que se encuentran en la misma situación que yo. Tiene mucha paciencia, pero todo lo que sé se lo debo a él y le estoy profundamente agradecido.

- Es francamente maravilloso, de verdad, les admiro, tanto a usted como a todos aquellos que con un tremendo esfuerzo se superan día a día, demostrando a los demás que no existe ninguna diferencia para hacer cualquier actividad y que son capaces de realizar tareas importantes dentro de la sociedad.

- No tiene la importancia que le está dando, de todos modos, nosotros, a nuestra manera, estamos muy contentos de poder hacer algo útil y no servirnos del impedimento de ser ciegos para que las personas que están a nuestro alrededor estén siempre pendientes de lo que hacemos. Se lo agradecemos, por supuesto, pero, en general, nos queremos valer por nosotros mismos y no ser una carga para los que nos rodean.

Dejó de pronunciar más palabras y volvió de nuevo a ponerse al piano. Giró el taburete y volví a sentarme. Ensimismado y absorto continué escuchando la maravillosa música que mis oídos apercibían.

Cuando acabó me levanté y fui directo hasta el lugar donde aún permanecía sentado el artista, como disfrutando de los ecos de los sonidos que acababan de salir del gran piano. Me acerqué. Le puse la mano en el hombro y le di las gracias por su amabilidad e invitación desinteresada, de poder escucharle tranquilamente sentado en un cómodo sofá. Me despedí de él con un fuerte apretón de manos.

¡Había perdido la noción del tiempo!, y la prisa que llevaba al coger el atajo y llegar antes, se había desvanecido como el humo.

¡Había sido una experiencia muy gratificante!.

Arenas de Maspalomas. Gran Canaria.

Me invitó a visitarle siempre que quisiera, lo cual acepté con gran alegría, pues a decir verdad: lo estaba deseando. Era una persona muy simpática, alegre y un buen anfitrión.

Cuando nos dimos la mano, se la estreché fuertemente, imprimiendo un sello de afecto y amistad. A pesar del poco tiempo que había permanecido con él, me bastó para sentirme satisfecho, pues por una vez, mi curiosidad había sido positiva. Le prometí volver siempre que pudiera y como lo prometido es deuda eso es exactamente lo que hice y a partir de los días sucesivos siempre encontraba un hueco para ir a verle y escucharle tocar y tener largas charlas que se iban prolongando sucesivamente.

Al cabo de unos meses, éramos buenos amigos. Acudía con alegría y siempre el pianista estaba deseoso de mi visita que se realizaba con mucha frecuencia, cuando las obligaciones no me lo impidieran.

Un día iba muy contento hacia la casa de mi amigo, le tenía que contar un montón de cosas que eran muy importantes para mi y deseaba que él fuera partícipe de todo y disfrutara tanto como yo, pero cuando llegué me informaron que permanecía en cama, la noche anterior no la había pasado muy bien.

Subí a la habitación. Vi a mi amigo inmóvil, con los ojos cerrados. Me acerqué hasta su cabecera y le cogí la mano. noté enseguida que me apretaba, no muy fuerte, estaba muy débil. En ese mismo momento me sentí yo más débil que el propio enfermo. Sentía una angustia que me oprimía el pecho. Me puse a su altura e intentó decirme algo, haciendo un gran esfuerzo, pero no pudo. Le apreté con más fuerza la mano y él hizo exactamente lo mismo, como impidiéndome que me marchara. Tuve que hacerlo, era una orden del médico y debería obedecer aunque no lo deseara, no me quedaba otro remedio.

- Luego vuelvo –le dije, aún sin saber si podía oírme.

No quería soltarme. Aparté suavemente, con toda delicadeza, mi mano de la suya y salí fuera de la habitación.

Unas lágrimas se me escaparon e iban deslizándose por las mejillas, después de ver a mi amigo postrado, la pena me invadía por completo.

¿Por qué suceden, así tan de repente las cosas, con esa velocidad vertiginosa e imparable?. No me lo explicaba.

Me venían a la mente, no con toda la claridad que deseara, muchas preguntas que nunca me había explicado y que a raíz de conocer a mi amigo el pianista no necesité exponer esas dudas a nadie, ellas solas fueron brotando para darse a conocer.

Me senté fuera, en una terraza, en la primera silla que encontré vacía. Con la cabeza agachada y las manos colocadas una a cada lado de la cara, y estuve meditando sin concretar. Una mano encima del hombro me devolvió a la realidad, a la cruda e inexplicable realidad.

- Márchese a descansar y vuelva luego —me dijo uno de sus familiares, muy amable y casi en un susurro.

- ¿Cómo está? –pregunté.

- Ha entrado en un estado irreversible.

- Me gustaría quedarme, ¿puedo?.

- Por supuesto, que si, si eso es lo que desea. Está en su casa, disponga de ella como quiera.

- Gracias –respondí. No me salieron más palabras. Estaba muy triste y acongojado.

Volví a sentarme en el mismo lugar y otra vez volvieron a mi mente preguntas, algunas sin respuesta.

De nuevo me despertaron de mis pensamientos, pero en esta ocasión para decirme que mi amigo deseaba hablar conmigo. Había pronunciado mi nombre y me sentí muy feliz. El corazón me dio un gran vuelco al oír esas palabras. ¿Estaría mejor?. ¿Se curaría?.

Entré sigilosamente en su habitación y con sumo cuidado, casi en puntillas, me acerqué a su lado y le cogí la mano, no sentí la suya y eso me hizo estremecer. Puse mi oído al lado de su boca y pude escuchar unas palabras, apenas me llegaba su voz, pero a pesar de esa lejanía, aunque estaba a su lado, entendí lo que me dijo, o, ¿quizá lo imaginé?, no podría asegurarlo y que se quedarían grabadas en mi mente para siempre: *"nunca te olvidaré"*.

- Yo tampoco a ti, querido amigo –le respondí-. No se si me oirás, pero guardaré un grato recuerdo tuyo, mientras viva.

Las lágrimas volvieron a deslizarse por las mejillas, pero esta vez más abundantes, no podían reprimirse y deseaban salir con más fuerza, como ayudándome a superar este mal trago que debería pasar, lo que me costó un enorme esfuerzo.

Murió estando yo a su lado y con las manos unidas como no deseando separarse de esta vida, ni de mí.

Permanecí unos cuantos segundos más, hasta el momento en que el médico me separó de su lado. Ya no se podía hacer nada por él.

Salí a la calle. Empezaba a llover otra vez. Caminaba con paso corto, tan escaso que más parecía que caminaba arrastrando los pies. Las lágrimas se desbordaron como si de una riada se tratara, no intenté secármelas, las dejé correr libremente, que siguieran su curso, mi amigo se lo merecía, de verdad, era una persona digna de todos los respetos por mi parte y de admiración sin límites, nunca le olvidaría y siempre recordaría que sus últimas palabras fueron para mí.

Pasados unos días volví a pasar por delante de la casa. Todo era silencio y tristeza. Ya no salían las notas del piano a través de las ventanas.

Todo había pasado como una exhalación: el encuentro motivado por mi curiosidad, la amistad surgida entre nosotros, corta pero duradera y sincera por ambas partes, y por último, la súbita y rápida muerte de una persona que intentaba superarse día a día a pesar de ser ciega.

Siempre recordaré sus bellas melodías interpretadas al piano. Y al pasar por el lugar de mi curiosidad, sonaban como un eco, resaltando las palabras pronunciadas en sus últimos momentos: *"nunca te olvidaré"*, *"nunca te olvidaré"*....

Y según avanzaba iban perdiendo fuerza, pero en mi interior quedaron grabadas para siempre.

- Yo tampoco a ti amigo, *"nunca te olvidaré"*.

LA CUEVA DE LOS ANIMALES

Sara y Pablo, al que gustaba que llamara Paul, la influencia de la televisión era evidente, a pesar de que si le llamaban por su nombre de pila tampoco le importaba demasiado, pero al oír Paul se le encendía una chispita de alegría en los ojos. Estaba claro que no todo el mundo conocía esa manera de llamarle. A pesar de todo era feliz y compartía juegos con su prima Sara. Los dos tenían diez años y eran muy buenos amigos.

A ella su nombre siempre le había gustado y estaba orgullosa de que la hubieran bautizado así.

No es que fueran traviesos, lo normal en niños de su edad. Sus padres nunca tuvieron quejas y aunque se preocupaban por sus hijos, como todos los padres responsables, tampoco era en exceso, los tenían controlados en un momento dado.

Todos los días al salir de la escuela, los dos eran muy estudiosos y aplicados y cumplían con todas las tareas que el profesor les mandada para hacer en casa. Se reunían con otros chicos y chicas y jugaban hasta la hora de la cena o un ratito, todo iba con arreglo a los deberes que tuvieran que realizar para el día siguiente.

Unos meses atrás escucharon a otros chicos más mayores que a unos tres kilómetros del pueblo había una cueva donde se encontraban un montón de animales. No se lo creían. Pensaban que eran fantasías de los otros para meterles miedo a los más pequeños. Lo que sucedió es que después de un tiempo volvieron a escucharlo, pero esta vez a través de personas más serias y adultas y les fue entrando, poco a poco, en el cuerpo el gusanillo de una curiosidad tan grande, que ya imaginaban una gran cantidad de bichos todos juntos.

¿Qué clase de animales serían?. Según contaban existían muchas clases: unos peligrosos, otros menos, algunos inofensivos, otros no tanto y que formaban parejas como en el Arca de Noé, cuando se produjo el famoso Diluvio Universal. Pero, ¿quién era Noé?. Pues ni cortos ni perezosos fueron rápidamente a la Biblioteca Pública y se informaron con todo lujo de detalles de quién era ese señor Noé: *"Dios le había salvado, junto a su familia y muchas parejas de animales de ese Diluvio Universal, que cubrió toda la tierra de agua"*.

La curiosidad iba en aumento. ¿Y si había otro Noé que iba llevando a esa cueva a los animales con motivo de alguna desgracia que se avecinaba?.

Pasaron unos días sin hablar del tema. Pero una mañana en casa de Paul comentaron algo sobre ello y dijeron que un pastor había aparecido en la cueva devorado por animales salvajes. Al niño se le erizaron los pelos y le entró un pánico espantoso y corrió presuroso a ver a su prima Sara para contar lo que había escuchado, lo que le impidió que pudiera escuchar el final de la historia: *"El pastor había fallecido de muerte natural y sus mismos perros se encargaron del resto"*. Esos eran los comentarios que corrían de boca en boca por el lugar una vez realizado la autopsia. Pero Paul debido a su insistente prisa, quiso ir a contárselo a Sara y se quedó sin saber como acababa lo que estaban relatando.

- ¿Tu crees que deberíamos ir hasta allí? -dijo ella.

- ¿Y porque no?. Yo no tengo miedo -dijo Paul

- Pues yo si -habló Sara con la voz algo temblorosa.

- Dejaremos que pasen unos cuantos días y alomejor alguien nos dice algo nuevo sobre esa cueva misteriosa de los animales.

- De acuerdo, pero insisto en que estoy muerta de miedo y eso que aún no nos hemos acercado hasta ella. Me entran escalofríos solo de pensar que puede haber en ese lugar que tantos comentarios se hacen sobre ella.

Todo volvió a la normalidad. Por un tiempo se olvidaron y continuaron con la escuela y sus juegos infantiles.

Un domingo, después de misa, un grupo de chicos, de unos quince o dieciséis años, estaban en un corro hablando cuando Paul pasó por su lado y pudo escuchar que irían a la cueva a las cinco de la tarde y el niño les dijo:

- ¿Puedo ir con vosotros?.

- Ni lo sueñes pequeñajo. Te puedes perder y luego nos echarán la culpa a nosotros. Vuelve con tu mamá a agarrarte a sus faldas y a lloriquear, que es lo único que hacéis los de tu edad y déjanos a los mayores con nuestras cosas. Y le dieron de lado.

Pero como Paul tenía el oído muy fino y unas ganas enormes de ir se quedó merodeando alrededor del corro, dando pataditas a una piedra, como disimulando. El resto de los muchachos le ignoraron a los pocos minutos, centrados en su conversación y en la organización de la excursión y al final pudo escuchar que saldrían de la plaza a la hora indicada.

Cueva de Valporquero. León.

Puesta de sol. Guadalajara.

Se fue alejando de allí, despacio, y cuando pasó la primera esquina corrió a buscar a su prima Sara, para contarle lo que habían hablado los chicos mayores y que casi de forma clandestina, había escuchado.

- ¿Tu crees que hacemos bien Paul?

- Claro, además iremos con ellos pero sin que nos vean y así no nos perderemos. ¿Quieres venir o tienes miedo?.

- Creo que sigo asustada -dijo después de pensárselo detenidamente y titubeando. Lo podíamos dejar, seguro que todo es mentira y no hay ningún animal y que incluso tampoco exista ninguna cueva.

- Yo no lo dejo. Estoy decidido a ir, quiero ver lo que existe allí y esta es una buena oportunidad para comprobarlo y que no debemos desaprovechar.

- De acuerdo, iré contigo. Y sea lo que Dios quiera, como dice mi abuela.

Comieron y a la hora prevista salieron de sus casas. Iban con mucha precaución para evitar ser vistos por los chicos mayores y permanecían agazapados detrás del lavadero de la plaza viendo como se alejaban el resto del grupo que habían decidido ir hasta la cueva.

Cuando estuvieron todos los que decidieron marchar se pusieron en camino. Sara y Paul los seguían a una distancia prudencia, procurando no ser vistos y evitando hacer un movimiento en falso que echara a perder sus planes de llegar al lugar que tanto deseaban conocer.

Tardaron un buen rato en recorrer los tres kilómetros que les separaban del pueblo y más con el calor agobiante de las cinco de la tarde.

El primer grupo se plantó en la entrada de la cueva, mientras los primos seguían escondidos con mucha precaución para no ser vistos tras una roca esperando ver que actitud tomaban los demás para poder actuar ellos en consecuencia.

Fueron entrando uno a uno. Casi reptando, pues el acceso no era muy grande y además permanecía casi oculto tras unos arbustos, ya que era un hueco en la montaña.

Cuando se quedaron solos Sara y Paul salieron de su improvisado escondrijo y se dirigieron hasta la entrada por la que hacía escasos minutos pasaron los chicos mayores y entraron al interior de la cueva.

A través de sus voces pudieron seguirlos. Estaba muy oscuro. ¿No se les ocurrió llevar una linterna o una vela para poder seguir el camino?. ¡Qué tontos eran! Con las prisas y la impaciencia por llegar ni se dieron cuenta.

- Tengo un mechero -habló Sara. Lo cogí de encima de la mesa.

- Estupendo -dijo Paul. Pero, funcionará, ¿no?

- Espero que si, no lo he probado, solo lo he cogido sin comprobar nada más.

- Como no tenga gas no podemos hacer nada y por lo tanto no veremos nada. Dámelo que voy a ver si funciona.

¡Tenía gas, menos mal!. Respiraron tranquilos.

Continuaron escuchando las voces a través del eco. Habían perdido unos segundos por el tema de la luz, pero enseguida se pusieron de nuevo en marcha.

- Date prisa Sara, como perdamos el sonido de las voces de los chicos no sabremos como continuar.

El camino, al principio, era de un solo pasillo, pero este se acabó y comenzaron más caminos, y las voces continuaban escuchándose, pero ya dudaban de que parte venían, retumbaba tanto que se despistaron por completo.

- ¿Y ahora que hacemos Paul? -habló Sara.

- No lo se, hay que decidirse por uno, por intuición, ya que las voces retumban y no se sabe con exactitud de que parte de la cueva llegan.

- Tengo miedo Paul.

- Toma y yo, ¿que crees?. Pero ya no podemos regresar y además no sabemos, nos hemos metido tanto que ahora el camino de vuelta es una incógnita.

Al final se decidieron por el que creyeron que era por el que iban los demás chicos y en esta ocasión la intuición tuvo su premio y acertaron. Todos continuaban por el mismo camino.

El mechero se apagó.

- Debe haber alguna corriente de aire -dijo Paul. Pero no, lo que sucedía es que el gas había llegado a su fin.

- ¡Vaya fatalidad! Ahora no tenemos con que guiarnos. Menuda gracia.

- Mira Paul los chicos deben ir por el camino de la derecha, se ve una claridad que aparece y desaparece. Continuemos por él y esperemos tener suerte.

Los mayores iban preparados con luz y cuerdas y al girar tras escuchar unos pasos vieron a Sara y a Paul con caras asustadas, deformadas por el efecto de la tea que se movía hacia todos los lados y se quedaron petrificados, tanto unos como otros.

- ¡Pero si son los enanos!. ¿Qué hacéis aquí?. ¿Nos habéis seguido, eh?. ¿Y ahora, que hacemos con vosotros?.

- Pues seguir todos juntos, es lo más sensato -habló Sara ante la cara asombrada y algo asustada de los chicos. Allí, una niña de diez años hablaba con una seguridad sorprendente que dejó a todos los chicos boquiabiertos.

- ¿Por que tu lo dices, no? -habló uno de los mayores.

- Creo que mi prima tiene razón -Paul habló convencido de sus palabras. Todos hemos venido a ver lo mismo, o sea, a comprobar si es verdad lo que hemos escuchado durante tanto tiempo: de que aquí se esconden animales de muchas clases. Si retrocedemos perderemos todo el camino que llevamos y no conseguiremos ver lo que deseamos todos. Creo que nos debemos unir y proseguir, por que si nos enfadamos y no nos ponemos de acuerdo, lo único que puede suceder es que alguno de nosotros se pierda y será peor para todos, ya que a mi lo único que me interesa es ver a todos esos animales juntos, como en el Arca de Noé, de lo que ya me he informado, y más tarde regresar por donde hemos venido o por otro camino que encontremos, si es que vemos algún otro, lo cual ya empiezo a dudar. Si hay algo lo mantendremos en secreto el más tiempo posible y vendremos de vez en cuando a este lugar.

- De acuerdo, de acuerdo -dijo uno de los otros chicos. No le demos más vueltas y continuemos todos juntos, estamos perdiendo mucho tiempo con estas discusiones. Una vez que estemos fuera ya hablaremos de vuestra persecución, esto no queda aquí.

Sara y Paul se miraron con un gesto de complicidad y sonriendo continuaron con el grupo de mayores, que en definitiva es lo que querían desde el principio.

De nuevo se pusieron en marcha por el pasillo largo y estrecho por el que iban en esos momentos. Llegaron a un punto en que se encontraron con otros dos un poco más anchos y dudaron sobre cual elegirían, pero un ruido que dejó sobrecogidos al grupo entero les hizo optar por el que tenían a mano derecha.

- ¿Sabremos regresar? -habló Paul.

Todos callaron. ¡No habían tenido la precaución de hacer unas señales para poder salir al exterior!. Ni unos ni otros, con las prisas de saber lo antes posible lo que se podían encontrar en aquella cueva les hizo olvidarse de algo tan elemental como que tenían que regresar. Se miraron unos a otros, se encogieron de hombros y no dijeron nada

- Pues no, pero lo podemos empezar a partir de ahora. ¿Quién tiene una tiza o algo con lo que señalar por donde vamos avanzando? -dijo uno de los mayores.

Todos se metieron las manos a los bolsillos, pero no tenían nada que pudiera servirles.

- Yo tengo una pintura de cera de color amarillo -dijo Sara. ¿Vale para señalar la ruta?.

- Por supuesto -habló uno del primer grupo. ¡Dámela!.

- Por favor, ¿no? -dijo Sara.

- Está bien, por favor Sara me das la pintura para poder hacer las señales?.

- Claro. Y se la dio en la mano.

Y sin perder más tiempo comenzó con las señales en la pared para poder guiarse a partir de esos momentos.

De nuevo el ruido dejó parados al grupo. No sabían si continuar, quedarse como estaban o intentar regresar.

- ¿Qué ha sido eso?. ¿De qué parte viene?.

Todos se encogieron de hombros. Sin hablar. Todos permanecían callados, ni la respiración se oía entre aquellas paredes oscuras y húmedas.

Se fueron moviendo poco a poco y avanzaban despacio, como si estuvieran andando entre plumas y atentos y a la expectativa de cualquier ruido extraño que no fuera producido por ellos y que pudiera sorprenderles.

Llegaron al final del camino y se encontraron con una pared. ¡Se había acabado el camino que habían elegido y no podían continuar por él!. Tendrían que volver y tomar el camino contrario.

La tea se movía de un lado para otro y no era debido al movimiento del brazo del que la portaba, sino al aire que venía de alguna parte de la cueva.

Miraban por todos los lados. No veían nada. Ni una claridad que pudiera dar indicios de alguna salida. Durante el recorrido no habían visto nada y estaban ya cansados de tanto andar, aquello era un laberinto que no tenía salida y habían perdido la noción del tiempo.

Sara se retrasó.

Paul se dio cuenta y fue a buscarla, advirtiendo a los otros que retrocedieran con él para encontrar a su prima. Quedaron admirados de lo que tenían ante sus ojos: en las paredes de

Jardines del Palacio del infantado. Guadalajara.

esa cueva había unas pinturas de animales que no habían visto nunca. Se acercaron todo lo que pudieron, con la tea junto a la pared, para poder ver mejor lo que acababa de descubrir Sara.

- Prima eres estupenda. ¡Qué vista tienes!. Esto es precioso. Mirar, mirar, este tiene un cuerno en la cabeza y aquí hay una lanza. Acercar la luz para continuar viendo estos dibujos. ¡Es impresionante!. Aquí hay una figura humana, parece un cazador intentando dar alcance a este otro animal. ¿Cómo se llamará esto?. No lo he visto nunca. ¿Os gusta chicos?.

Todos contestaron afirmativamente.

- ¿Quién habrá pintado esto en las paredes de la cueva?. ¿Quién se meterá aquí dentro con tanto frio y húmedo para realizar estas maravillas?. Quien lo haya hecho no tiene problemas de salir y entrar de ella, no como nosotros que ahora no sabemos el camino de regreso -habló Paul.

Nadie respondió. Todos permanecían callados observando a través del resplandor de la tea según la iban dirigiendo hacia un lado y hacia el otro. ¡Había muchos más dibujos!. Aquello era una auténtica maravilla. Tocaron las paredes pero aquello no se quitaba y estaban muy frías.

La tea iba perdiendo fuerza, cada vez tenía menos luz y como la única persona que parecía darse cuenta de todo era Sara, ya que los chicos estaban todos embobados y con la boca abierta, fue ella la que habló:

- Chicos tendríamos que intentar buscar la salida, como esto se apague nos quedaremos en la oscuridad absoluta y no saldremos de aquí nunca, a no ser que se produzca un milagro y estos creo que por ahora no existen, bueno en parte si, porque encontrar estos dibujos más parece cosa de magia que de otra cosa, pero hay que procurar salir de aquí lo antes posible.

- Es verdad -dijo Paul, ya que a los demás chicos parecía que les había dado un aire y estaban paralizados. ¡Eh, chicos!. Despertar. Vámonos y ya volveremos otro día más preparados para poder ver los dibujos con más detenimiento.

Comenzaron a retroceder para buscar una salida que les llevara fuera de la cueva.

Volvieron a escuchar un ruido que no sabían de que era y se quedaron parados por unos segundos para luego proseguir.

Llegaron hasta el lugar donde comenzaron las señales de color amarillo y entonces vino el dilema del camino a seguir.

¿Se acordaba alguno?. Todos miraron a Sara.

Y ella tan segura comenzó a andar y los demás la siguieron como corderillos que van detrás del pastor buscando protección, ¡que remedio!, ellos no sabían por donde tendrían que ir, y aunque ella tampoco lo supiera iba convencida de que la encontraría, pero no decía nada de sus dudas para que los chicos no pensaran que ella les había mentido y que estaban en un callejón sin salida.

Cada vez la luz era más escasa, la llama de la tea iba reduciendo su altura y la salida que no la encontraban.

- Oye enana -dijo uno de los mayores- ¿Nos vas a perder en este laberíntico lugar?

- Pues ponte tu delante dirigiendo el grupo y sácanos de aquí, si estuvieras tan seguro de cómo se sale hace mucho tiempo que estaríamos fuera y por lo que ve aún estamos dentro, hago lo que puedo.

- ¡Es que no se por donde se sale -dijo titubeando y con la cabeza agachada por la vergüenza.

- Yo tampoco, pero al menos pongo algo de interés en querer salir de aquí. Si vamos todos juntos y cada uno colaboramos y no nos ponemos nerviosos, que es lo que estáis todos, estaremos en el exterior dentro de poco tiempo, pero, por favor, tener paciencia y que no decaiga el ánimo.

No hubo réplica. Continuaron andando y cuando llevaban dados unos veinte pasos más vieron una claridad algo lejana en el momento en que la antorcha se apagó completamente.

- Menos mal que estaremos fuera dentro de poco. Lleguemos a ese claro -dijo uno de los mayores, con muchas ganas de salir de allí.

Todos iban en pelotón y en cuanto paraba el primero chocaban unos con otros.

- Tener más cuidado chicos y no piséis -dijo el que encabezaba la comitiva.

¡Vaya sorpresa que se llevaron!. No era la salida, era otra cueva mucho más grande y la claridad era natural debido al gran hueco en forma de cráter que procedía del exterior. Allí entraban y salían pájaros de todas clases. Era un continuo trasiego. Murciélagos en gran cantidad, unos colocados en el techo de la cueva, otros volando hacia fuera, revoloteando por el lugar. Hubo un momento que tuvieron que agacharse todos a la vez pues una bandada sobrevoló sus cabezas.

- ¡Qué bichos más asquerosos! -dijo uno de los mayores.

- No es para tanto-habló Paul- hemos ocupado su casa y es normal que no les guste y nos ataquen. Aunque estos animales no son demasiado agresivos con las personas y aunque hemos venido en plan pacífico, ellos no lo saben evidentemente y por esa razón no están muy contentos de nuestra presencia.

- ¿Y cómo saldremos de esta cueva?-dijo en esta ocasión otro de los chicos que no había hablado en todo el tiempo, bien por miedo o por no decidirse- tengo hambre y los brazos los tengo helados. Llevamos mucho tiempo aquí metidos y ya quiero irme a casa. ¡Tengo ganas de salir fuera!.

- Y los demás también, que te piensas -dijo Paul. Pensemos la forma de salir del lugar.

- Deberíamos retroceder y arriesgarnos en buscar la salida, porque volando como lo hacen los murciélagos, difícilmente podremos hacerlo -Sara era la persona que hablaba al resto del grupo-. Lo primero que tenemos que hacer es buscar algo con que alumbrarnos, a oscuras no es posible encontrar nada.

Miraron en el suelo y vieron algunas ramas y algo de excremento de los mamíferos voladores y haciendo ascos lo recogieron y lo apretaron para hacer una tea y con las cerillas que llevaban de encender la anterior, la luz volvió de nuevo a la cueva y se pusieron en marcha.

- Te haremos caso Sara-dijo el líder del grupo, el que había llevado la voz cantante durante todo el recorrido-. Yo estoy muy despistado y no nos queda otra solución que comprobar que tu sentido de la orientación esté bien dirigido hacia el camino que nos conduzca hasta el exterior.

- Haré lo que pueda, yo también quiero salir de aquí y tengo mucho frío.

Retrocedieron y antes de que se dieran cuenta y casi por arte de magia encontraron la salida y reptando volvieron a salir a la superficie.

Todos reían y saltaban de alegría. ¡Lo habían conseguido!.

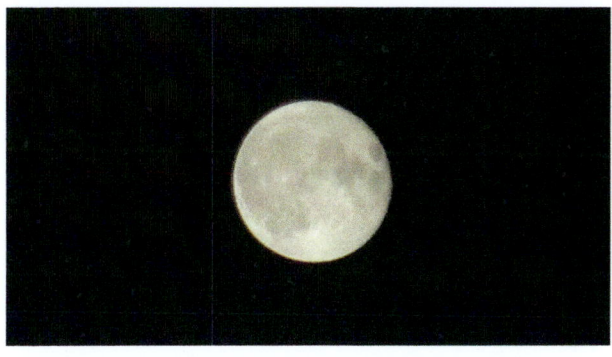

Luna llena desde mi balcón. Guadalajara.

- Eres estupenda Sara -habló su primo. ¿Cómo has logrado sacarnos de aquí?.

- No lo sé, pero el caso es que estamos fuera y eso es lo que más importa en estos momentos.

El resto del grupo permanecía callado. Sentían vergüenza de que una niña hubiera sido la encargada de guiarles para salir de allí, pero felices y contentos de estar ya al aire libre.

¿Qué hubiera pasado si Sara y Paul no les hubieran seguido hasta la cueva?. ¿Hubieran salido ellos mismos?. Esas preguntas se quedaron sin respuesta.

Era de noche. Comprobaron sus relojes y vieron que estaban parados en la misma hora en la que entraron en el interior de la cueva, por lo tanto no tenía ni la más remota idea de que hora era. El sol ya se había ocultado y la oscuridad era total. La luna ayudaba un poco en ver el camino, pero no mucho.

Se pusieron a andar por el sendero que les conduciría hasta el pueblo. Antes de llegar vieron a lo lejos un tumulto de gente y un fuerte murmullo que cada vez se iba haciendo más cercano. Prácticamente todos los habitantes del lugar había iniciado su búsqueda. Pasaban las dos de la madrugada.

No hubo regañinas, pero si alguna voz más alta que otra y un ¡luego hablaremos!.

Cuando contaron lo que Sara había descubierto, los ánimos se calmaron.

Al día siguiente un grupo del pueblo dispuso todo lo necesario para comprobar lo que eran esas pinturas a las que aludían todo el grupo de jóvenes curiosos.

Pasadas unas semanas unos expertos de la ciudad llegaron para realizar un informe y quedaron impresionados de esa belleza y notable perfección. La noticia corrió como un reguero de pólvora y los medios de comunicación se hicieron eco. El lugar se llenó de curiosos en pocos días.

La entrada a la cueva fue franqueada por dos guardas jurados que impidieron el paso, cumpliendo órdenes estrictas de la autoridad, hasta que el informe fuera dictaminado. Éste llegó y el lugar se fue despejando de las personas que querían ver de cerca lo que existía en su interior. Se prohibió la entrada a aquellos que no fueran expertos en el tema, ya que tendrían que hacer un estudio exhaustivo de las mismas. Resultaron ser unas pinturas rupestres que más tarde dieron fama al lugar.

Tanto Sara como Paul y el resto del grupo estaban contentos de su hallazgo y aunque la primera que lo vio fue la niña, no le dio la importancia que realmente tenía. Se negó a que se le diera su nombre a la cueva. El mérito era de todos los componentes del grupo, unos como iniciadores y otros como perseguidores, pero en definitiva los dos había sido muy decisivos en el hallazgo.

Al final el nombre adoptado fue "*La cueva de los animales*", que fue del agrado de todo el pueblo.

En la entrada de la misma se colocó una inscripción con el nombre de todos los niños y la fecha en que esas pinturas fueron descubiertas.

Y los murciélagos y demás pájaros continuaron en su lugar.

Y no se encontraron más animales.

LA RANA RITAFLOR

Ritaflor con su color verdoso y sus ojos saltones esperaba en la orilla de la charca dispuesta para saltar en la primera ocasión que se le presentara, sobre un enorme nenúfar.

A la tercera tentativa y siguiendo la tradición de que a la tercera va la vencida lo consiguió, no sin esfuerzo, porque estuvo en un tris de caer al agua, lo cual no sucedió gracias a la maestría y habilidad que tenía para estas cosas.

Una vez colocada sobre el nenúfar elegido apoyó sus patas y con la cabeza bien alta miraba el paisaje con gran placer.

Pero la tranquilidad se rompió al poco tiempo: había algo que la llamó notablemente la atención y que se movía detrás de unos juncos, frente a ella existían muchas junqueras repletas de hermosos juncos de todos los tamaños, pero no sabía lo que era.

Hervás. Extremadura.

Mirando fijamente hacia el lugar donde se produjo el ruido comprobó enseguida y muy asombrada que tras la junquera se encontraba otra rana.

Se dirigieron la palabra una a otra en su idioma particular y una vez acabadas las presentaciones la primera invitó a la segunda a acompañarla en su descanso. Así lo hizo la rana invitada saltando sobre otro nenúfar que estaba cerca de ella y una vez colocada sobre él se fue acercando poco a poco.

Ya las dos juntas, cada una en su *"sillón flotante"* buscaron un lugar más tranquilo dentro de la charca para charlar de sus cosas y conocerse un poco más.

Pasó un tiempo bastante largo. Estaban muy cómodas en el lugar elegido, pero era hora de marcharse y cada una cruzó de nuevo al sitio del cual habían venido y se despidieron.

Y así días tras día, uno tras otro, sin perder ni uno solo, se reunían diariamente para contarse sus cosas en una charca tranquila y placentera que encontró una de ellas e invitó a la otra en el centro de un frondoso bosque. Se lo pasaron estupendamente durante muchos años y estaban muy felices de ser amigas y esa amistad se fue consolidando día a día.

Parque del Capricho. Madrid.

LOS SUEÑOS DE JORGE PABLO

La historia de Jorge Pablo era muy entrañable: *"nació un sábado del mes de abril, de esos lluviosos que dejaban las calles encharcadas de agua y para ello lo mejor era colocarse unas katiuscas para poder pisar los charcos sin riesgo a mojarte. Eran las diez de la noche cuando llegó a este mundo. Todo sonrojado y con unos buenos mofletes. Pesó tres kilos setecientos gramos, contabilizado en la báscula de la casa, de esas que pesaban harina, trigo y, en algunas ocasiones, jamones de los cerdos que estaban sucios en el corral, pero que luego tenían un sabor delicioso, pues en ese mismo sitio colocaron al recién nacido".*

Andrés, el padre, labrador, honrado como la copa de un pino y más de pueblo que las amapolas, salió a pasear una tarde hasta la aldea vecina que distaba de la suya unos seis kilómetros y allí encontró a una bella joven, lavando en el río limpio y cristalino. La miró durante un buen rato, oculto entre la espesa maleza. No quería que le viera. Era un poco tímido. Al final, rompiendo su timidez se decidió a salir de su escondite y se fue acercando poco a poco hasta el lugar donde ella permanecía. Le dirigió la palabra, titubeando, y en un tono muy bajito dijo:

- ¡Buenos días señorita!.

Ella se volvió, tranquila, sin sobresaltarse demasiado. Le devolvió el saludo y continuó con su trabajo. La tabla estaba oculta hasta la mitad dentro del agua y totalmente llena de jabón. Se puso cerca de ella y se quedó contemplándola fijamente sin pronunciar palabra. No se sonrojó. De vez en cuando le miraba de reojo, sin que él se diera cuenta. Estaba tan ensimismado mirando sus bellos rasgos que ni siquiera se enteró. Acabó el trabajo. Colocó la ropa lavada en un cesto con dos asas. Recogió la losa. Se levantó. Se disponía a marcharse cuando él se prestó a ayudarla. Accedió y entre los dos llevaron la cesta y Andrés en la otra mano llevaba la tabla de lavar. En poco más de media hora y sin decir una sola palabra llegaron a la casa donde vivía la joven y él se despidió preguntándola como se llamaba:

- ¡Inés! –contestó.

- Es un bonito nombre. El mío es Andrés. ¿Podré verte otro día? –le preguntó el joven.

- Como quieras.

Después de esta respuesta Andrés se fue más contento que un chico con zapatos nuevos y se marchó a su casa dando saltos de alegría, sorteando todos los arbustos que se encontraba por el camino. Recorrió los seis kilómetros de una aldea a otra en poco tiempo.

Al día siguiente regresó, y al otro, y al otro... Unas veces iba andando, otras en bicicleta o también en una mula que ayudaba en las tareas del campo y cuando no estaba muy cansada de arar o acarrear se le llevaba para poder llegar lo antes posible y ver a su soñada Inés.

La boda se celebró al año siguiente en una ermita de la pequeña aldea donde vivía la novia, que distaba unos dos kilómetros en un paraje precioso digno del mejor cuento de hadas. Fue una ceremonia sencilla, donde todos los invitados se pusieron sus mejores galas y no era para menos: una boda no es cualquier cosa, era un acto social del que disfrutaron todos, los de un pueblo y los de otro, con este enlace los dos pueblos quedaron más unidos, en este caso no tenían rencillas ni envidias como sucedía en otros, por lo tanto la unión era más fuerte.

Pasados once meses nació el precioso hijo, al que bautizaron con el nombre de Jorge Pablo, por dos razones muy simples: le pusieron el de los dos abuelos. A ellos les gustaba que su nieto se llamara así, y para que no hubiera ninguna discusión le impusieron el nombre de ambos. Entonces se presentó otro dilema: ¿cuál pondrían primero?. Se tuvo que recurrir a la cara y cruz de una moneda para descubrirlo, ya que los dos querían que el suyo fuera el primero y al final se quedó de esa forma: Jorge Pablo.

Menos mal que fue varón pues las abuelas se llamaban Anastasia y Clotilde y entonces el asunto se hubiera complicado algo más.

El pequeño se crió sano y fuerte, disfrutando con toda la familia en el calor del hogar.

Sus padres se querían mucho y estaban muy unidos. Jorge Pablo fue a la escuela del pueblo de su padre, que es donde vivían, pues en el lugar donde nació Inés solamente había seis personas, ya mayores y no era muy conveniente que el muchachito creciera sin una educación elemental. Cuando cumplió cinco años veía a su madre que poco a poco le iba creciendo la barriga y preguntó:

- ¿Qué te pasa mamá?.

- Vas a tener un hermanito dentro de poco tiempo.

El crío se calló y se marchó al corral a jugar con su pato Nicolás. Se apenó sobre lo dicho por su madre y entonces confió en su querido animal y habló con él:

- ¿Qué te parece Nicolás?. Me ha dicho mi mamá que voy a tener un hermano y que lo tiene dentro de la barriga. ¡Qué raro!. ¿Cómo ha entrado y como saldrá?.

Se quedó pensativo y callado y cuando más descuidado estaba una voz le dijo:

- ¡Qué bonito es tener un hermano! –habló como en un suspiro.

Jorge Pablo se levantó de repente del suelo, sobresaltado y mirando de un lado para otro.

- ¿Quién ha hablado? –preguntó. Si solo estaba él y el pato. ¿Quién habría hecho esa pregunta?. Miró a su pato fijamente.

- ¡No puede ser!. ¿Cómo vas a hablar?. Los animales no hablan. Es imposible.

- Que si chaval, que soy yo, tu amigo el pato Nicolás el que acaba de hablar. ¿De qué te extrañas?.

- No se, creía que eso de que los animales hablen solo pasaba en los cuentos.

- Pues por eso, como esto es un cuento pasa, de otra forma no.

- Es verdad, tienes razón. Y ahora quiero que me respondas a lo que te he preguntado antes, lo referente al hermanito.

- Me lo pones un poco difícil. Es un proceso natural que... se produjo un silencio y después continuó-. Mira Jorge Pablo, lo mejor será que preguntes a tus padres, ellos te lo explicarán mucho mejor que yo.

- ¿Por qué no me lo dices tu?.

- Ya te lo he dicho antes, te lo podría decir mal, no lo entenderías y te formarás un barullo enorme en la cabeza y posiblemente no utilizaría las palabras adecuadas y tus padres si.

El niño se quedó refunfuñando y un poco enfadado y no se dio cuenta de que su madre permanecía detrás de él, contemplándolo.

- ¿Con quién hablabas cariño?.

- Pues con el pato Nicolás, con quien va a ser.

- Está bien mi amor, entremos dentro que tengo que contarte muchas cosas.

Según avanzaban para entrar en la casa giró la cabeza y con la mano dirigió un saludo a su pato. Este se marchó moviendo todo el cuerpo y feliz de que pronto el muchachito se iba a enterar de todo lo relacionado con el nacimiento de su hermano y del suyo propio. Seguro que esa noche los sueños iban a ser distintos. Y así fue en realidad: *"Caminaba de la mano, entre unas nubes de color azul con una niña rubia vestida*

Pontevedra.

con un traje blanco de puntillas rosas y él iba a de azul, pasando de nube en nube, dando saltitos. Llegó un momento en que se toparon con una estrella de color verde oscuro y fueron pasando por cada una de las puntas perfectamente cubiertas para evitar pincharse. Estaban muy contentos. Seguían de la mano. De repente apareció un señor muy alto con unas barbas blancas hasta la cintura y con una túnica de color marfil que les preguntó que es lo que hacían en ese lugar.

- Nos hemos perdido —dijo Jorge Pablo.

- Aquí no se pierde nadie. Seguidme. Les llevó a un lugar todo lleno de animales y plantas y les dejó allí solos. De forma inesperada apareció el pato Nicolás y al niño se le iluminó el rostro de alegría con su presencia.

- ¿Te gusta?.

- Si mucho. Pero, ¿dónde estamos?.

- En un lugar donde sólo pueden entrar los buenos o los que quieren serlo.

- Yo me he portado bien. Ayudo a mi mamá y no hago travesuras.

- Ya lo sé, por eso estás aquí.

- Me gusta mucho.

- Pues disfruta mientras dure el sueño. Dentro de poco tendrás que ir a la escuela y esto desaparecerá.

- ¡Qué pena!. Con lo bien que me lo estoy pasando. No me quiero ir de aquí.

- Todo empieza y se acaba".

- Jorge Pablo despierta el desayuno está en la mesa —su madre con todo el cuidado del mundo le dijo que se levantara- no te hagas el remolón.

- Ya voy mamá. ¿Tendré una hermanita? —preguntó.

- ¿Cómo lo sabes, si estuve ayer en el médico y no lo sabe ni papá?.

- Es que quiero una hermanita.

- Pues la tendrás y será una niña preciosa.

- Seguro que será rubia y con los ojos azules.

La madre se alejó sonriendo y comprobando la fantasía de su hijo. A los pocos meses nació un bebé precioso. Niña, tal y como la describió Jorge Pablo.

El niño se puso muy alegre y feliz de tener alguien con quién compartir sus juguetes.

Los dos jugaban con el pato Nicolás que ya no habló más.

LULALÚ, LA LUCIÉRNAGA

- Debo tener algún problema con la iluminación de mi cuerpo, parece que no brilla demasiado.

Lulalú avanzaba lentamente entre los árboles y se encontró con un topo que estaba buscando algo de comida.

- Amiga luciérnaga, ¿qué te pasa?, ¿las pilas te han fallado?, casi no veo el camino por donde tengo que ir.

- Ya lo sé amigo topo, estoy intentando arreglarlo, pero todo lleva su tiempo, espero que dentro de poco lo solucione y puedas llegar al lugar donde quieras.

- Muchas gracias, mientras tanto iré por aquí cerca, esperando que lo arregles pronto.

- Me pongo en ello.

Lulalú, la luciérnaga, estaba un poco triste por esta situación. Todas sus compañeras tenían una luz potentísima, pasaban por su lado dándole envidia, volaban a su alrededor y luego desaparecían.

- ¿Cómo puedo volver de nuevo a ser como antes? -se preguntaba.

Se posó en una rama para pensar la mejor forma de volver a ser de nuevo ella misma.

- Hola luciérnaga, ¿qué te pasa?. Estás muy triste.

- ¿Quién habla?. No veo a nadie. ¿quién eres?.

- Estoy aquí a tu lado, soy una hormiga, es que soy tan pequeña que es difícil que me veas y menos con la poca luz que tienes, ¿qué te ha pasado?.

Hervás. Extremadura.

- No lo sé, de repente ha disminuido mi luz sin ninguna explicación y estoy muy preocupada porque no puedo ayudar a nadie.

- Pero yo si te voy a ayudar, si tu me lo permites.

- Haz lo que sea, porque lo necesito, cualquier ayuda es buena.

De repente empezaron a salir un montón de hormigas a la llamada de la portavoz y en un santiamén arreglaron el problema de la luz de la luciérnaga.

- ¿Pero cómo lo habéis hecho? -preguntó extrañada y contenta Lulalú.

- Eso es secreto profesional -respondió la hormiga. Lo importante es que está todo arreglado y ya puedes iluminar a tus amigos.

Y la luciérnaga volvió a volar feliz y con esa luz tan potente buscó al topo para guiarle en su camino.

SALVADOR, EL APRENDIZ DE BRUJO

Salvador era el hombre más viejo del pueblo. Unas largas barbas cubrían gran parte de su cara. El pelo, el poco que tenía era igualmente canoso, lo que le daba un aire un tanto respetuoso para toda la gente del lugar, lo cual le hacía sentirse aún más entrado en años. Nadie sabía con certeza, la edad que tenía, él no lo decía y por supuesto nadie se lo preguntaba.

Vivía aislado, en las afueras, sin compañía. Para cualquier otra persona eso habría sido muy mal llevado, pero él siempre metido entre frascos, botellas, pipetas, tubos y todos los artilugios necesarios e imprescindibles en un laboratorio se pasaba las horas muertas allí metido y ponía los cinco sentidos en todos los experimentos que realizaba.

Uno de los últimos en los que estaba ensimismado era una especie de "mejunje" que integrado por diferentes hierbas campestres, que él mismo se encargaba de recoger, aseguraba que hacía felices a los que lo tomaban, pero no en el sentido de ganar premios ni nada parecido, sino el simple hecho de estar alegres, felices y sobre todo llevarse lo mejor posible con el vecino.

Ese era precisamente el principal objetivo de estar enfrascado en el laboratorio día y noche, sin apenas tiempo para descansar. Deseaba acabar cuanto antes con la mezcla, el "experimento" como lo llamaba él, y una cosa si tenía bastante clara, él lo probaría antes de dárselo al que tuviera deseos de dar ese paso tan importante y trascendental para su satisfacción personal.

Toda su casa constituía el laboratorio. Todo estaba junto, mezclado, un desastre, ya que incluso encima de la cama tenía botellas, vacías o llenas, daba igual, eso no le preocupaba lo más mínimo; aquello era un auténtico galimatías, una desorganización total, pero Salvador estaba feliz y eso que aún no había probado lo que había hecho con sumo cuidado y delicadeza.

Estudió con grandes magos, de esos de renombre que salen en los periódicos de vez en cuando, y eso ya era un punto a su favor, y se sentía muy orgulloso de ello. La fórmula de cómo conseguir la felicidad se la entregó su último maestro y él tomo al pie de la letra todas las instrucciones para llevar a cabo dicho experimento y sin ningún tropiezo, no se lo podía permitir. Tendría que quedar perfecta, él ya lo intentaba y de chapuzas nada, esa palabra no existía en su diccionario particular.

Llevaba bastantes meses con los preparativos y aún le quedaban unos cuantos puntos para poder finalizar. Al cabo de ese tiempo y contento de conseguirlo se sentó en una silla, respiró hondamente y orgulloso de si mismo, poniéndose las manos en la tripa con gran satisfacción, contempló su obra.

Todos los materiales permanecían colocados encima de una mesa larguísima, por orden de utilización y al final de la misma el frasquito en el que se encontraba la mezcla finalizada, después de mucho esfuerzo y cuyo contenido una vez ingerido conseguía la felicidad.

Al menos eso era lo que le explicaron sus maestros, pero para lograrlo en su totalidad, tendría que probarlo.

Para llegar a ello no le quedaba otro remedio que coger el frasquito y beberse el contenido, simplemente eso, fácil. Estaba meditando el modo más conveniente y el momento más oportuno para probar su mezcla y miraba el frasco sin pestañear y con mucho detenimiento.

Tenía un color tan característico y raro que no se podía precisar con exactitud cual era el definitivo. Tenía un color que no aparecía en la gama de colores conocida por los expertos, pero era agradable a la vista y ahora lo que realmente tenía que suceder es que el resultado fuera el esperado. Se levantó de la silla, estaba muy nervioso, era su "primer trabajo en serio" le temblaba todo el cuerpo. Volvió a sentarse en otra de las sillas, retirando antes los frascos que se encontraban encima, todos desordenados.

Se pasaba la mano, de vez en cuando, por la larga barba. Empezaba arriba y finalizaba al final de ella, se rascaba la cabeza, no sabía como iniciarse para hacer la oportuna prueba. De nuevo se levantó, se acercó a la cama, vio que estaba completamente llena de trastos, ¿cuánto tiempo hace que no duermo?, se preguntaba, ya ni se acordaba, al menos en la cama no lo hacía. Había perdido del todo la noción del tiempo. Estaba nerviosísimo. Se sentó en un taburete donde reposaba otro frasco, no lo vio, cayó al suelo, pero no se rompió de puro milagro.

- Estoy decidido, tengo que tomármelo, si he seguido al pie de la letra todas las indicaciones de mi maestro, no puede salir mal, al menos eso espero. Pero luego vendrá el dilema: ¿quién me va a creer?, si estoy solo no puedo ayudar a nadie, porque ninguna persona del pueblo se atreverá a tomárselo, pensarán que estoy loco de atar si se lo ofrezco, me llevarán a un centro psiquiátrico, me pondrán la camisa de fuerza y no me dejarán salir de allí en lo que me reste de vida y eso no está bien, yo no estoy loco de ninguna manera, nunca me he encontrado mejor, aunque esté hablando solo en estos momentos, solamente deseo lo mejor para todos y mi idea no es hacer mal a nadie, sino todo lo contrario, me sentiría muy feliz de hacer felices a los demás.

"Si, tu lo entiendes Salvador, pero, ¿y los demás? —decía su conciencia- si no tienes amigos. ¿Cuánto tiempo hace que no sales de este desordenado laboratorio-casa?, se te ha pasado la vida sin darte cuenta, ¿te has mirado al espejo en los últimos meses?. No, claro que no, por supuesto que no, de otra forma hubieras salido de tu aislamiento y tendrías amistades. Tu eres del pueblo, naciste aquí, aunque pasaras largas temporadas enfrascado en tus estudios de "aprendiz de brujo", y que aún sigues siendo ese mismo aprendiz, un poco adelantado, pero nada más, ya sabes que esta profesión cuánto más viejo, es cuando se empieza a saber las cosas, la veteranía es un grado, por lo tanto, qué, ¿vas a cambiar ya?, yo solo te he echado una manita con mis sugerencias y creo que antes de tomar la decisión de probar esta mezcla, deberías arreglar la casa un poco y dejarla ordenada, ya que ahora está hecha un desastre total. Eres poco cuidadoso con tu casa. Debes salir fuera de aquí, acercarte al pueblo, hablar con la gente, ponerla al corriente, eso si, poco a poco y con bastante delicadeza, de tus propósitos, buenos del todo sin lugar a dudas, aunque ellos no lo sepan. Creo que sabes que la gente es bastante reacia a probar cosas nuevas y más si son desconocidas, por lo tanto, deberías poner en práctica el punto número uno: arreglar la casa. El orden es primordial y luego continuar con el punto número dos: que es darte a conocer o que vuelvan a verte, al menos los más viejos del lugar, ya que a pesar de ser de aquí, has estado encerrado tanto tiempo que ni se acordarán de ti ni siquiera los de tu edad y también espero que te arregles un poquito esas barbas, eres un dejado Salvador, te despreocupas de todo, ese podría ser el punto número tres. Más tarde les cuentas lo que haces y porque lo haces, y para ello invítales a tu casa, ya ordenada, ya sabes, el punto número uno. Explícales como realizas los experimentos, que no te metes con nadie y que todo eso es bueno para todos y sin contraindicaciones. La primera impresión será negativa, cuenta con ello, porque no pretenderás que de buenas a primeras todo vaya sobre ruedas. En fin mi otro yo, piensa un poco, aunque ya lo hago yo por ti, pero haz un pequeño esfuerzo y recapacita sobre lo dicho y actúa en consecuencia, estaré contigo siempre y si necesitas mis consejos ponte a pensar y te podré ayudar".

Madeira.

- ¡Pero!, ¡Pero! —empezó a decir Salvador, conciencia no me dejes, por favor te lo pido.

Ya no la escuchó más.

Se levantó de la silla nuevamente, había probado todas las que tenía, eso si el polvo se lo fue quitando con los pantalones y empezó a pasearse por el cuarto retirando todos los botes con los que iba tropezando. Es verdad —se decía-, ¿cuánto tiempo hace que no hago un buen arreglo acompañado de una buena limpieza a fondo?. Ni lo recordaba, totalmente absorbido por el trabajo que no pensaba en nada de eso, ni por lo más remoto, y tendría que limpiar y hacer caso a su conciencia.

Ahora mismo pondré manos a la obra, según las indicaciones anteriores y lo dejaré todo colocado y preparado para la prueba verdadera, en la que comprobaré si da el resultado deseado y esperado.

Lo primero que hizo fue retirar el frasquito del experimento del lugar donde se encontraba para evitar que se cayera al suelo y se rompiera, buscar un sitio seguro para dejarlo procurando no echar por tierra el trabajo de tanto tiempo.

Se acordó, de repente, del sótano que tenía en la casa. Intentó abrir la puerta con todas sus fuerzas. Estaba durísima. Oxidada. Chirriaba tanto que tuvo que apretar los dientes para poder soportar el ruido que hacían los goznes.

¡Qué horror!. Hace años que no recordaba este pequeño refugio, no me hago a la idea de cómo estará, veré si consigo abrirlo. Seguramente encontraré bichos de todas las clases, en tamaños y especies. Me repele solo de pensarlo y se me pone la carne de gallina. ¡Qué asco!.

Al cabo de un tiempo y después de unos cuantos intentos la tapa quedó levantada y dejada en el suelo del laboratorio-casa. Todo estaba lleno de telarañas. No se veían ni las escaleras que conducían al final del sótano. Intentó retirarlas con la mano pero fue totalmente inútil, se le quedaban pegadas. El proceso de su eliminación era un tanto complicado, lo de una mano se le pasaba a otra.

Al final optó por retirarlas con una escoba a la que enroscó un trapo que encontró desperdigado encima de los frascos de su todavía desordenado laboratorio. Una vez quitadas las que llevaba encima se dirigió a uno de los estantes repletos de frascos y demás utensilios y tomó una vela; la encendió y con la escoba fue directo hasta la puerta abierta que conducía al subterráneo.

Con la escoba en una mano iba retirando, bastante mal, las telarañas que le llevarían a la parte baja de la casa y en la otra mano llevaba la vela, lo cual le impedía hacer la fuerza necesaria para poder deshacerse de ellas. En esos momentos recordó lo que le había dicho su conciencia sobre la amistad y todo lo demás, ahora le venía muy bien un amigo, ya que le sujetaría la palmatoria y él podría quitar mucho mejor la suciedad, pero no era posible, estaba solo, más solo que la una y tendría que hacer todo el trabajo si deseaba llegar hasta la parte más profunda de la casa.

Y buscó una solución: dejaría la palmatoria con la vela en la parte de arriba al inicio de la escalera y seguiría retirando la espesa capa de telarañas que cubría la entrada y según bajaba dejaría la vela en el siguiente escalón y así sucesivamente.

¡Por fin!. Había llegado hasta el suelo del sótano. Elevó la palmatoria y dio un rodeo girando ésta por toda la habitación, estaba todo cubierto de un polvo espesísimo y prácticamente no se apreciaba nada de lo que allí se podría encontrar. Existían muchos estantes colocados en las paredes. Buscó un hueco para poder dejar la palmatoria y ver lo que allí había. Lo encontró, separando algunos materiales que allí se hallaban. Le hicieron toser debido a la gran cantidad de polvo que se levantó, parecía una nube y en un espacio tan reducido aún se notaba más.

El sótano se iluminó dejando algunos huecos en penumbra, la luz era más bien tenue y no tenía fuerza pero lo justo para poder apreciar el estado en que se encontraba el cuarto subterráneo, era lamentable. Debido a la gran cantidad de polvo que cubría en su totalidad lo que allí había no se podía apreciar lo que era aquello. Intentó levantar una de las piezas ocultadas por la capa polvorienta, al menos por la silueta se podía hacer una ligera idea de lo que era, pero de nuevo no pudo evitar toser y llevarse con la mano una gran cantidad de telarañas acompañado de alguna araña lustrosa que tanto tiempo oculta había engordado.

Lo que cogió entre sus manos fue una botella que contenía un líquido extraño que no sabía lo que era, ya que tenía un color entremezclado de verdes con moho. Abrió el tapón de rosca, no sin esfuerzo, estaba fortísimo. Acercó la nariz tanto que tuvo que apartarla rápidamente, pues el olor era tan fuerte que le entraron unas enormes ganas de vomitar. ¡Qué contendría aquello!. Era asqueroso, realmente asqueroso. Lo volvió a cerrar con dificultad. Miró la etiqueta, estaba emborronada y no pudo saber lo que la botella tenía en su interior.

"Como esté todo igual tendré que tirar todo".

Debo iniciar la limpieza del sótano sin demasiada demora, sin perder más tiempo. No se lo que hay en cada frasco, pero tiene que estar todo caducado, no recuerdo nada de lo que puede contener cada uno, tiene que estar todo más pasado que yo, ¡y ya es decir!.

Empezaré a colocar todo poco a poco, a partir de mañana, espero que dentro de un mes tenga todo ordenado.

¡En fin!. Más vale tarde que nunca y siempre hay tiempo para rectificar, aunque sea a mis años y, manos a la obra.

Cogió de nuevo la palmatoria y subió las escaleras que le separaban del sótano hasta el cuarto-laboratorio; bajó la tapa y quedó cerrado hasta que volviera a abrirla de nuevo para iniciar la limpieza.

¡Qué agobio!, ¡Qué de trastos!. ¡Díos mio!. Si no puedo ni andar. Enfrascado en mis estudios no me había dado cuenta antes de cómo tengo todo de desordenado. Debo iniciar la obra mañana mismo, sin más demora, ya que debo organizar mi salida al "mundo exterior" lo antes posible, intentando recuperar el tiempo perdido.

Apagó la vela y dejó la palmatoria encima de una repisa, repleta de cachivaches de todas clases y tamaños. Salió de ésta un humillo que fue extendiéndose por toda la habitación dejando un olor característico de cirio apagado. Más tarde empezó a retirar trastos de la cama y se tumbó en ella. De nuevo salió muchísimo polvo, sobre todo de la colcha, estaba descolorida y áspera, debido al derramamiento de algún líquido caído de los frascos. Se levantó, quitó la colcha y la tiró encima de una silla, despreocupadamente.

Las sábanas no estaban demasiado limpias, pero la colcha había impedido que entrara más polvo al resto de la ropa de la cama, aunque amarillentas y descoloridas si que estaban.

Se tumbó, ahora más relajado y respiró hondamente y en poco tiempo, escasos segundos, se quedó plácidamente dormido, con una sonrisa dibujada en el rostro de satisfacción.

Al día siguiente se levantó muy contento y feliz, deseando

comenzar cuanto antes con la organización de la casa. Daba la sensación de que se había quitado una docena de años de encima al tomar esa decisión.

"Así me gusta –apareció la conciencia de nuevo- parece que van dando resultado mis palabras de ayer. Ya sabes que como intuyo cuando me necesitas apareceré, además vamos juntos, ya sabes, somos uno solo, no precisas llamarme".

- Gracias conciencia, eres una ayuda muy importante en momentos cruciales de mi vida, te lo agradezco, bueno creo que los elogios no tengo que decirlos en alto, no merece la pena, lo sabes sin que lo diga.

"No sigas hombre, no sigas, espero que todo te salga a las mil maravillas a partir de ahora, lo que siento de verdad es no poder ayudarte en lo de la limpieza, te vendría muy bien unas cuantas manos, pero al no ser una persona, es imposible, lo siento de verdad, ya lo sabes".

- De todas formas estoy muy agradecido por tu interés. Voy a ponerme en marcha, ¡ya!, sin perder un minuto más, ya he perdido demasiados en todo este tiempo.

"Que te cunda, Salvador".

Y, ¿por dónde empiezo?. Esto es realmente un agobio. ¡Qué horror!. Comenzaré por arriba para finalizar con el sótano, tengo por lo menos para un mes, eso haciendo un cálculo aproximado.

Tendré que ir comprobando frascos y frasquitos, uno a uno, y ver lo que está en uso o no sirva para nada. Lo mejor sería comenzar de cero, pero no tengo más remedio que ir mirando todo lo que he ido acumulando durante todos los años y que ahora no se como empezar. ¡Cómo han pasado los años de rápido!. Sin darme cuenta me he hecho viejo sin disfrutar de las cosas agradables que te brinda la vida, enfrascado en mis investigaciones y papeleos de fórmulas y garabatos durante años y sin saber aún el resultado al que deberé esperar algún tiempo todavía, si todo va bien, para ver en lo que ha quedado de mi larga investigación, deseo que sea asombrosa y buenísima.

Reconozco que he vivido sobrecogido y encerrado en mi mundo, un mundo absolutamente para mi y que debería haber compartido con los demás, lo bueno y lo malo, lo positivo y lo negativo.

Escuchar a los demás y que ellos te oigan a ti. Ayudar al vecino en lo que se pueda y que ellos te ayuden a ti. Pero yo solo he salido de mi casa-laboratorio para poder alimentarme, como un hurón, casi por la noche, sin hablar prácticamente con nadie, ni realizar ningún comentario sobre nada. ¿Pero de qué vas a hablar?, que diría mi conciencia, si no sabes de la misa la media, solo investigar y experimentar, y, ¿para qué?, para esperar unos resultados que no se sabe como saldrán y que lo más seguro es que no me hagan el mínimo caso. Me tratarán de loco sin duda. Aún estoy a tiempo de rectificar en mi actitud huraña, aunque sea tarde y con pocas posibilidades de que salga bien, de que todo suceda como espero, no debo perder la esperanza, que siempre es lo último que se pierde.

Realmente me he consumido en un mundo irreal, sin nadie, egoístamente fruto de mi recelo frente a los demás, y sin saber las razones. Lucho contra mi mismo, con mi conciencia que pretende ayudarme de la mejor manera posible.

Todas estas cavilaciones se producían acompañadas de la limpieza y colocación de todos los cachivaches que tenía Salvador en su casa-laboratorio.

Abrió las puertas de par en par. Entró un sol radiante, todos los rayos entraban con su fuerza dentro de la casa. Ésta había permanecido casi en su totalidad en una absurda pero real penumbra, apenas percibía claridad del exterior, ya que enfrascado en sus estudios se había olvidado de abrir.

Las salidas fuera de la casa las efectuaba al caer la tarde para hacer la compra. Al menos se alimentaba, no muy bien pero trataba por todos los medios llenar el estómago de la mejor manera posible. No era un buen cocinero, de eso no alardeaba, él se preparaba la comida de forma original, haciendo gran cantidad de mezclas con los productos comprados, la pena, de lo que él se lamentaba era de no haber tomado nota de sus preparaciones culinarias, pues aunque pareciera extraño estaban buenas, seguro que en alguna de las veces se le fue la mano en los aderezos, ya que todo lo hacía a ojo, sin medidas.

A partir de ese momento se convertiría en escribiente de recetas de cocina, de alguna se acordaría, después de tantos años pasados y si la memoria no le hacía una mala jugada, anotaría algunos de sus mejores y más apetitosos platos.

Después de este lapsus de recreación al estómago continuó con la limpieza, que era lo más importante en esos momentos.

La casa iba pareciendo otra cosa una vez acabada la tarea diaria de quitar el polvo acumulado a todo lo que allí se encontraba. Daba la sensación de que a una parte de la casa le habían lavado la cara y la otra permanecía con ella sucia, esperando su turno.

Pasaron más de veinte días y el cuarto-laboratorio estaba finalizado, brillaba como los chorros del oro. Salvador respiró tranquilo y se sentó en una silla, sin una gota de material polvoriento, estiró las piernas y las manos las cruzó a la altura de la tripa.

"Aplaudo tu trabajo, imaginativamente se entiende –habló de nuevo la conciencia del aprendiz de brujo-, *comprendo que*

estés orgulloso de ti mismo, no es para menos, yo también lo estoy de ti. Con unos días más creo que habrás terminado y tendrás que tomar la decisión más importante: la de enfrentarte con el mundo. Deja ya en un apartado, en uno de los rincones más olvidados, por supuesto sin polvo, tu mundo solitario y descabellado que te ha llevado a los años cumplidos hasta ahora en soledad. Te va a ser realmente difícil salir de tu aislamiento prolongado durante décadas, pero el tiempo no corre, sino que vuela y debes ponerte en marcha sin precipitaciones, pero también sin pausas, no más pausas, no puedes perder un solo minuto, el reloj corre en contra tuya, aprovecha todo, sin volver la vista atrás, recupera en algo el tiempo perdido".

Seguiré tus consejos, positivos, amenos, agradables, productivos, y sobre todo tan sinceros que debo pensarlo detenidamente. Pero te haré caso, como siempre lo hago y procuraré que en el plazo más breve posible todo quede resuelto favorablemente para mi.

"Gracias amable brujo, eres muy bueno y te mereces estar en lo más alto, sin vanagloriarte y pensar que eres único, piensa solo en que eres un "aprendiz de brujo" muy simpático, pero sobre todo principiante en el cometido de ayudar a los demás a ser felices y poder convivir con los vecinos, dejando fuera, si existen, las rencillas, procurando vivir felizmente y en armonía. Eso no puede ser malo, por tanto lo que pretendes es muy bueno desde cualquier punto de vista. ¡Sigue adelante!, Yo te animaré y estoy orgullosa de ser tu conciencia, eres una persona de las pocas que hay en el mundo, algo fuera de lo común, en este mundo tan cruel en el que vivimos".

- ¿Cómo sabes tu eso, del mundo, si estás dentro de mi y yo no lo sé?. Si somos una sola cosa, explícamelo, por favor.

"Hombre, alguna escapadita realizo de vez en cuando, mientras tu descansas. Es muy monótono permanecer siempre en el mismo sitio, pero ya sabes con seguridad que nunca te dejaré, procura portarte bien para que no tenga que llamarte al orden, creo que cada hombre debe ser responsable de sus actos y yo voy *comprobando con asombro que la maldad tiene un alto índice entre los humanos, no me gustaría, para nada, que tu entraras a formar parte de esa gran multitud abominable y numerosa, que por desgracia, nos va invadiendo día a día.".*

-Espero no llegar nunca a esa situación, mantendré la postura de ayudar a mis semejantes en lo que pueda y desinteresadamente.

"Me gusta tu estilo, ¡sigue así!".

La conciencia dejó de comunicarse con Salvador y de nuevo la casa "asombrosamente limpia", quedó en silencio.

Las conversaciones fundamentadas en la realidad cotidiana se prolongaban continuamente.

Pasado mes y medio la colocación y limpieza de la totalidad de la casa, incluido el sótano, estaba finalizado.

- ¡Ha llegado la hora de la verdad!. ¡La que cuenta!. No se como empezaré, sobre la marcha sería lo mejor y espero que salga todo como deseo y no sufra muchas decepciones. Soy muy sensible y me costaría mucho superarlas. Lo más probable es que alguna que otra sorpresa me llevaré y no me sorprenderé por ello, ni me asustaré.

Con estas cavilaciones tan concretas, se metió en la cama y no durmió absolutamente nada en toda la noche. Estaba nervioso, impaciente y deseoso de que todo se resolviera lo mejor posible. Era difícil, no cabía la menor duda, pero procuraría por todos los medios superar su timidez y salvar los numerosos obstáculos que le iban a surgir de ahora en adelante. Su vida podría cambiar de un momento a otro.

Se levantó cuando el sol estaba empezando a salir. Bostezó, mientras estiraba las articulaciones con gran placer y relajación. Miró por toda la casa comprobando que todo permanecía en perfecto orden. Se preparó un desayuno compuesto de hierbas campestres que él mismo había recogido. Las ponía a secar y luego las introducía en los botes con sus correspondientes etiquetas. Se lo tomó con sumo placer y reposó durante un cierto tiempo, aguantando lo más posible hasta que llegara una hora prudencial para salir fuera a iniciar el trato con los vecinos y ponerles, poco a poco, al corriente de todo el trabajo realizado durante tanto tiempo y llevarlo a la práctica. ¡Eso era lo más difícil que tenía que hacer a partir de esos momentos!. Sin ayuda de nadie.

- ¿Cómo iba a convencer a alguien de que tomara el contenido de un frasquito, así, sin saber lo que era aquello, aunque les diera explicaciones de todo tipo?. Tenía un grave problema ante si. Dar crédito a sus palabras,, las de un viejo "loco", que es lo primero que van a pensar de mi, que no he salido prácticamente nada de mi "cárcel voluntaria" y que no me conoce casi nadie debido a mi reclusión adoptada por mi mismo.

- Entonces, ¿quién me va a ayudar?. ¿Quién va a creer en mi?. Lo único que puedo hacer es cerrar los ojos, seguir adelante y que sea lo que Dios quiera, y que él me acompañe, lo voy a necesitar.

Abrió la puerta. Salió a la calle. Respiró hondamente. Levantó la cabeza todo lo que pudo, oteando el horizonte, luego giró y miró hacia el pueblo: las casas bajas con las chimeneas despidiendo humo, era lo que en esos momentos contemplaba Salvador.

La gente comenzaba a salir de sus viviendas para iniciar la tarea cotidiana, principalmente eran labradores y ya avanzaban subidos en sus caballos o en sus tractores. Salvador les miraba sin perderse detalle (por cierto ya se había arreglado la barba y el aspecto era mucho más agradable). Pasaron unos cuantos por su lado. Él permanecía en el quicio de la puerta, inmóvil. Le saludaron con un ¡buenos días!, un tanto seco, pero al menos le habían hablado y eso era ya un punto a su favor, al menos eso es lo que pensaba el *aprendiz de brujo*. Contestó con el mismo saludo. Así concluyeron los primeros minutos de su salida diurna, para él bastante positiva, pero debería acercarse al pueblo, hablar con los demás vecinos y darse a conocer.

Lo tendría que hacer de la forma más sincera y sencilla, con la verdad por delante.

Cerró la puerta tras si y se encaminó hacia el centro del pueblo. Según avanzaba, las personas con las que se iba encontrando se le quedaban mirando, un tanto curiosos y extrañados, como preguntándose a que se debía la salida a la "civilización" después de tanto tiempo alejado de ella y recluido en su casa.

Entró en la tienda donde compraba habitualmente, aunque esta vez de día al contrario de tantos años que lo realizaba a última hora y cuando estaba próxima la hora del cierre. La dueña del establecimiento al verle, bastante distinto de otros días: con la ropa un poco más arreglada que en ocasiones anteriores y la barba igualmente, dando un aspecto francamente más favorable. Se extrañó cuando le vio aparecer por la puerta. Era la única persona del pueblo con la que había hablado, aunque fuera poco, durante muchos años, por ese motivo y ayudado por su conciencia, que no le de-jaba de acosar para que realizara la salida de su aislamiento, se dirigió a la tienda donde acudía a comprar y donde la conversación no se producía de ninguna manera, solamente pedía lo que deseaba y ella se lo colocaba en el mostrador, marcaba en la caja registradora el total, él lo veía y sacaba el dinero, lo dejaba igualmente en el mostrador, recogía la mercancía y con un simple, ¡adiós! salía a la calle, marchaba a su casa y así hasta que necesitara otra vez alimentos y volvía a salir de su encierro voluntario.

Por ese motivo, la dueña de la tienda al verle entrar hizo un gesto de admiración, de extrañeza y de incredulidad a la vez, y le habló con su sonrisa habitual. Era un buen cliente a pesar de sus rarezas. Siempre pagaba lo que se llevaba, sin rechisar, ni protestar sobre el precio de las cosas y ese era un punto bastante favorable para "el aprendiz de brujo" que ahora debería poner en práctica su cometido, y, ¿dónde mejor que en la tienda, que era el único lugar en el que se le conocía y se le trataba?.

- ¡Buenos días! –habló una vez dentro de la tienda, dirigiéndose a la dueña que permanecía detrás del mostrador, colocando unos botes de tomate que estaba sacando de una caja.

La voz había retumbado en su interior. Le costaba mucho trabajo pronunciar las palabras que deseaba decir, pero al fin y con mucho esfuerzo salieron al exterior, entremezcladas con su timidez solitaria y su miedo por el rechazo, por "el que dirán" debido a su cambio tan repentino surgido casi de la noche a la mañana, en una decisión inesperada pero trascendental.

¡Buenos días, Salvador!. ¿Cómo usted por aquí a plena luz del día?. ¿Le sucede algo?. Seguro que está enfermo, ¿necesita ayuda?. Dígame lo que desea y cuente conmigo. Soy toda oídos.

La señora muy amable salió del mostrador y se dirigió a su cliente, interesándose por el motivo de su visita diurna y bastante más arreglado que de costumbre cuando llegaba a realizar la compra casi anocheciendo.

Habló el *aprendiz de brujo* con toda naturalidad y muy tranquilo:

- No me sucede nada, absolutamente nada, no se preocupe por mi, estoy perfectamente y para serle sincero, creo que estoy mejor que nunca. Simplemente es que he decidido cambiar un poco mi vida monótona y solitaria que he llevado durante todos estos años por otra distinta, normal, como la de todos los habitantes del pueblo, ni más ni menos.

La señora dijo muy amablemente:

- Me parece una idea estupenda en todos los sentidos, ¿desea algo de la tienda o solo ha venido a charlar conmigo?, aunque ya se que usted es poco hablador.

- Las dos cosas. En realidad tengo mucho que decir, pero sucede que no se como empezar y he decidido venir aquí, a su tienda, ya que es el único lugar que conozco y en concreto para hablar con usted.

- ¡Cuente, cuente!.

La señora de la tienda, con una curiosidad fuera de lo corriente, deseaba escuchar, sin perder un solo detalle lo que Salvador iba a decir. Por ese motivo cogió una silla, le invitó a él a que se sentara en otra y así frente a frente le indicó que podría comenzar, que ella ya estaba dispuesta a prestarle toda la atención posible y que sería su más ferviente oyente.

"El aprendiz de brujo" se sintió extrañado por la rapidez que demostraba la señora en querer saber cosas de las que él iba a ser el interlocutor y entonces la conciencia habló a su dueño y señor y le dijo:

"¡Salvador!. No te impacientes y quédate tranquilo, las palabras antes de decirlas hay que pensarlas bien, con detenimiento, lo que vas a decir es muy importante. Según la forma de expresarlas se pueden tomar de una manera o de otra, y por supuesto que a ti te conviene que te salga todo perfecto desde el principio, no te puedes andar por las ramas y dar rodeos y esperar muchos años más, este es el momento oportuno, ¡el que estabas esperando!. Pero tienes que comprender que esta señora con las ganas que está demostrando en querer saber, pienso que no debes contarle todo de golpe. Debes hacerlo a grandes rasgos, pinceladas suaves, y según la expresión de su cara actuar en consecuencia y optar por continuar o dejarlo y buscar a otra persona del pueblo para intentarlo de nuevo, todo en el supuesto, claro está, de que en esta oportunidad no tengas suerte, pero no debemos precipitarnos en nuestras opiniones, esperemos que todo salga bien y sin ningún fallo, en tu mano está querido amigo".

- Si, pero en el caso al que has aludido de contárselo a otra persona si ahora sale mal, ¿a quién se lo voy a contar?. No conozco a nadie más, estoy en un gran apuro, en un callejón sin salida del cual solo yo puedo salir, eso es evidente, tu no puedes ayudarme, aunque tus consejos me vienen muy bien, todo lo demás está en mis manos y en mis dotes de orador, que no son muy experimentados que se diga.

"Lo ves todo tan difícil, te ahogas en un vaso de agua, espera primero a ver que pasa y luego decide. Ya no se que aconsejarte, por tanto te dejo de nuevo solo ante el peligro y en ti está que salga bien o mal, si es esto último intenta solucionarlo de la mejor manera posible, se que eres capaz de hacerlo, solo puedo darte algún consejo que otro, lo demás es todo cosa tuya. ¡Animo! y ¡Adelante!.".

- Gracias conciencia, agradezco tu interés. No se si me servirá de algo, pero al menos lo intentaré, tengo que aprovechar esta oportunidad que me brinda esta señora.

Se colocó en la silla, teniendo la mirada de la señora de la tienda muy fija y sin quitarle ojo. Se puso un poco nervioso, era normal, eran muchos cambios juntos en tan poco tiempo.

Decidió levantarse y apoyarse en el mostrador con el codo y empezó a tocarse la barba, la larga y espesa barba.

¡En menudo lío me he metido!. Eso me pasa por querer ser bueno con los demás. Tengo que demostrar cosas que soy el único que las sabe y por lo tanto solo puedo decirlas yo. Es un tema solo mío con los consejos de mi conciencia.

Debo demostrar ante los demás que la fórmula es aceptable, que no hace daño a nadie, al contrario es buena para todos y es importante que todos la tomen para que la sensación que produce, ¡eso espero!, la sientan todos.

El problema fundamental que me atañe en estos momentos es la forma de explicarlo. Debo ser consciente de que es un punto clave. No se puede hacer a la ligera, sin más, porque no voy a empezar y de sopetón decir: "He descubierto una fórmula mágica y que todo aquel que la tome conseguirá la felicidad!, para mi sería la mejor manera, pero es demasiado arriesgado y no me atrevo. No, así no se puede hacer, debo ir con pies de plomo y despacio.

"Pero hombre, empieza de una vez –habló de nuevo la conciencia- *no ves la cara de impaciencia que tiene la dueña del establecimiento, le has puesto sobre ascuas y de un momento a otro llegará a quemarse y tampoco es muy conveniente que tu primera oyente sufra ataques de inquietud. ¡Venga hombre!.¡Anímate!. ¿A qué esperas, al juicio final?. Esta es tu hora de la verdad, apro-véchala, no lo pienses tanto y coge al toro por los cuernos".*

- Te doy las gracias nuevamente querida conciencia. ¡No se que haría sin tu ayuda!. ¡Allá voy!. Espero no caerme por el precipicio y si esto me sucede desearía que el golpe no fuera demasiado fuerte.

Hubo una pequeña pausa y seguidamente Salvador, sin dejar la postura del mostrador, se dirigió a la señora que no le había quitado ojo desde que le dijo que tenía que hablar con ella, o sea, en el mismo instante que le vio aparecer por la puerta.

- Las palabras adecuadas no se si me saldrán, no soy muy buen orador, pero intentaré, por todos los medios a mi alcance, que me entienda y no se extrañe de nada de lo que le voy a contar. No me interrumpa, por favor, se lo ruego, oiga lo que oiga, una vez escuchado todo, diga lo que piense al respecto, cualquier cosa que se le ocurra en esos momentos, que serán muy importantes y trascendentales para la continuación de lo que me he propuesto realizar, ¿de acuerdo?.

La señora al oír las palabras en esta rápida introducción dichas por Salvador, se quedó boquiabierta y medio alelada de escuchar tantas seguidas de una persona que no había dicho prácticamente nada en muchos años y haciendo caso a lo solicitado por él hizo un ligero movimiento de cabeza indicando que no le interrumpiría por muy raro y absurdo que fuera lo que iba a decirle.

- Bien, de acuerdo. Se lo agradezco amable señora y muchas gracias.

"Vas progresando amigo mío. El inicio ha sido sensacional, me tienes impresionado" -dijo la conciencia- *estoy muy orgullosa de ti. Sigue en esa línea que te llevará por el camino adecuado y saldrás adelante con este proyecto y los que vengan después".*

- Gracias conciencia, eso me anima a seguir y con más ganas. No sabes como te lo agradezco. No tengo palabras para decirte cuanto.

"Venga hombre no te enfríes, continúa, esta es tu ocasión de demostrar lo que vales, no te quedes rezagado que tienes a la señora muerta de curiosidad. ¡Al ataque!".

Antes de proseguir se despegó del mostrador. Se puso las manos detrás y dio unos pasos cortos, ya que la estancia no daba para mucho más y volvió de nuevo al sitio anterior y habló:

- Seré claro, escueto, rápido y procuraré que me entienda a la primera para no tener que repetirlo. Una de las cosas que menos me gusta es repetir lo mismo dos veces, ya sabe que soy hombre de pocas palabras y si tengo que volver a decirlas por segunda vez me costará un esfuerzo aún más grande.

- Pondré los cinco sentidos en lo que vaya a contarme -habló la señora tan tranquila que a Salvador le dio más confianza, un tanto inhabitual en él.

- Gracias señora, es un punto bastante favorable para mi, lo que le agradezco de verdad.

Se produjo otra pausa, como preludio al inicio de la explicación del motivo principal que le hizo al "aprendiz de brujo" salir de su aislamiento de casa-laboratorio.

- Para mi es sencillo, lo que ya no lo es tanto es la forma de explicarlo, pero en fin, intentaré hacerlo de la mejor manera posible, para que no se asombre de mis palabras y que yo quede bien con lo que le diga.

"Eso está muy bien Salvador -dijo la conciencia- pero, por favor, ahora no te pares, continúa, estás en la buena línea, no hagas paradas y lánzate, ¡ya!".

- De acuerdo. Hubo otra pausa.

Entre pausa y pausa esto se iba alargando y la señora de la tienda empezaba a mostrar signos de aburrimiento e impaciencia, iniciados por los bostezos tapados con la mano para disimularlos, a lo que Salvador se dio perfecta cuenta e intentó no demorarse más y comenzar.

De nuevo se alejó del mostrador y se volvió a sentar en la silla, ya un poco más calmado, justo frente a la dueña de la tienda.

- Mi profesión es, por decirlo de alguna manera, investigador. Estudio para ayudar a los demás -omitió el término brujo por temor a inquietar a la mujer y que ésta se levantara de la silla y le echara de la tienda. Debo aclarar que no es una ayuda material, no, yo no soy adivino, ni acierto en los juegos de azar, ni soy un charlatán, no, solamente intento que los demás se sientan felices y contentos de vivir.

Por esa razón he realizado un pequeño experimento con hierbas del campo, casi todas conocidas por los residentes del lugar, que una vez bebido, tras su oportuna preparación, mediante la fórmula adecuada, se consigue la felicidad, pero como le he dicho antes, no es cuestión monetaria, sino en relación con la amistad y llevarse bien unos con otros y aquí llega el motivo de mi visita, de la que usted es mi única y principal oyente. Yo lo he probado, como es natural, por esa razón estoy ahora hablando como nunca lo había hecho antes, pero necesito demostrarlo a los demás. ¿Qué consigo tomándolo yo solo?. Nada. Y como es a usted a la única que conozco en todo el pueblo, le he contado mis trabajos de investigación de muchos años, el experimento y el cambio en mi es notable, lo puede ver, lo tiene a la vista. Pero ahora quiero que los demás se sientan felices y la mejor manera es haciendo una demostración con alguien del pueblo, por supuesto que primeramente haré la prueba conmigo delante de todos para que comprueben que todo lo que digo es verdad, no le engaño, no le miento, no conviene mentir en cuestiones tan serias como esta que nos ocupa en estos precisos momentos. ¿Qué le parece mi argumentación sobre mis estudios de cómo conseguir la felicidad?.

La respuesta tardó un buen rato después de efectuada la pregunta. La señora se había quedado absorta, muda en una palabra, sin pestañear y asimilando poco a poco lo dicho por el "aprendiz de brujo".

Antes de que ella dijera esta boca es mía, la conciencia de Salvador se dirigió nuevamente a su dueño en estos términos:

"¡Bravo! ¡Bravo!, ¡Bravo!, por triplicado. No pensaba que te pudieras desenvolver tan bien. ¡Con el miedo que tenías!. ¿Has visto como todo se puede conseguir con un pequeño esfuerzo, eso sí, y con buena voluntad?. Que todo cuenta en los momentos más necesitados".

- Gracias conciencia, tu has jugado un papel muy notorio y realmente importante en todo este asunto.

"No es para tanto, creo que exageras, pero atento parece que te va a contestar tu oyente".

- ¡Increíble!. De verdad que no me lo creo. ¿Una fórmula para conseguir la felicidad?. Eso es estupendo. ¡Increíble!. ¿Cómo puede ser eso?. ¿Media en este asunto algún brujo o algo parecido?. Porque todo esto parece cosa de brujería.

- Más o menos -dijo Salvador todo orgulloso y sacando pecho.

- Pero esto, ¿puede dar resultados positivos?. ¿No será un argumento para sacar dinero como los vendedores ambulantes, los charlatanes que van por los caminos y recorriendo los pueblos y te venden elixires para superar toda clase de dolores?. ¡No me lo creo!. Es tan increíblemente raro que dudo que sea verdad. Es que así de repente escuchar estas cosas es para pensar que las cabezas no están muy bien puestas en su sitio.

- Mi cabeza está perfectamente en su sitio, señora mía, se lo puedo asegurar. Nunca ha estado tan bien como en estos momentos.

- Me gustaría ver su laboratorio, ¿puedo?. Ni corta ni perezosa hizo esta pregunta que para nada causó asombro en Salvador, es como si la hubiera estado esperando.

- Por supuesto -habló Salvador muy contento- eso está hecho. La puerta está abierta para quien quiera, soy muy sociable, aunque a simple vista parezca lo contrario.

- ¡Es asombroso!. ¡Asombroso!. La señora erre que erre con las exclamaciones.

La señora de la tienda siguió con lo suyo y ya no oía nada de lo que Salvador hablaba, parecía que ya no le interesaba nada más y se levantó de la silla de forma impulsiva y seguidamente hizo lo mismo "el aprendiz de brujo".

- ¿Qué es lo que va a hacer?. ¿Ha pensado algo en especial aparte de visitar mi casa?.

- En principio no, eso es lo primero que deseo ver. ¡Increíble! -seguía repetitiva en sus exclamaciones de asombro, una vez que acabó de escuchar a Salvador.

- Bueno, antes de irme, necesito comprar unas cosillas para disponer de algo para la recepción, eso si, puede ir acompañada de quien lo desee, todos los que vayan a mi casa serán muy bien recibidos.

- Gracias Salvador por ese ofrecimiento. ¿Qué le pongo?.

Sacó un papelillo del bolsillo de la chaqueta, en el cual llevaba apuntado lo que necesitaba, era bastante previsor y sin saber como iban a transcurrir los hechos se había preparado y en la lista indicaba todo lo que tenía que comprar.

Según lo iba diciendo la dueña de la tienda se dirigía al lugar donde se encontraba el producto solicitado, regresaba, lo colocaba encima del mostrador y esperaba a que *"el aprendiz de brujo"* continuara con su relación de cosas que se iba a llevar.

Una vez acabado iba anotando cada precio en la máquina registradora hasta sacar el total. Le entregó la nota y mientras la comprobaba ella introducía lo comprado en una bolsa de plástico blanca.

Salvador introdujo la mano en el bolsillo del pantalón, sacó un portamonedas bastante deteriorado por cierto y abonó la compra.

- ¿Necesita alguna cosa más? -le preguntó la señora.

- No, por ahora he comprado lo suficiente, cuando precise algo, solo tengo que venir a comprarlo, ¿a propósito?, ¿a qué hora va a ir a mi casa-laboratorio?, es para dejar todo preparado y recibirla como mejor pueda, bueno a usted y a sus acompañantes, ya que en estas cosas de protocolo no estoy muy puesto, ya sabe, la falta de costumbre, pero eso si, recibir a una mujer en casa es muy importante, soy un caballero y lo quiero tener todo perfectamente limpio y ordenado.

- De lo cual me alegro -habló la señora-, y en lo referente a su pregunta, haciendo cálculos -se puso en plan pensativo, palma de la mano en la barbilla- puedo estar en su casa alrededor de las seis de la tarde, más o menos, cuando cierre la tienda, hoy como excepción la cerraré un poco antes, y hablaré con alguna amiga para ir juntas, ¿le parece bien?.

- Por mi no hay ningún inconveniente, procure llevar a alguien de su confianza, le ponga antes al corriente de todo, y eso si, seriedad, que de bromas no se trata, a mis años no pongo mi reputación a prueba. Soy muy sensato aunque parezca lo contrario, pero ya dice un refrán: *"que el hábito no hace al monje"* y pienso que ese se puede aplicar perfectamente a mi vida y trabajo. El cual realizo con gusto y siempre poniendo los cinco sentidos en su ejecución. Las bromas las dejo para los inconscientes o en algún momento jocoso. Le puedo asegurar que no me ando con rodeos, soy una persona bastante seria y quiero seguir siéndolo por encima de todo y pase lo que pase.

- De acuerdo Salvador, ya que hoy está en plan filosófico y ha sacado lo retenido durante tantos años. Deseo que descanse un poco y no derroche todas las energías en un solo día, no le conviene.

- Gracias señora de preocuparse por mi, se lo agradezco de todo corazón, pero estoy perfectamente, se lo aseguro, mejor que nunca. No pensaba que algún día me encontraría tan bien -hizo una parada en la corta respuesta y continuó "*el aprendiz de brujo*" para dar por finalizada su plática-. Bueno, me marcho a casa, la he robado mucho tiempo y le pido disculpas, sobre todo por su comprensión y su paciencia por permanecer tranquila mientras yo le he hablado de mis planes, en una palabra, le he abierto mi corazón de par en par. Se lo agradezco mucho y sin más me marcho. La espero y le mostraré el lugar donde trabajo y realizo todos mis experimentos. Esos experimentos que realizo con mucha alegría y como le he comentado antes, lo hago pensando en las personas que necesitan la ayuda de otras, pues yo me considero una de ellas, en estos momentos, en otros, posiblemente sea yo el que necesita de otra ayuda. Todos nos necesitamos mutuamente. Mi fórmula va encaminada a las personas que tengas ganas de vivir y de disfrutar día a día en esta vida. Esta vida en la cual nos ha tocado vivir y que sin darnos casi cuenta pasa con la velocidad de un rayo y eso es precisamente lo que pienso cuando preparo la mezcla, que consigan la felicidad todo aquel que lo tome y que sea feliz solo o acompañado. ¡En fin!, ya se verá como acaba todo esto. Y de nuevo muchas gracias por su tiempo.

- Está bien Salvador, que pase lo mejor posible el resto del día, buenas noches y mañana nos veremos. ¡Adiós!.

El *aprendiz de brujo* recogió la compra y salió a la calle, cerrando la puerta de la tienda y una vez fuera respiró hondamente y satisfecho de haber hablado tanto y orgulloso de si mismo y pensando, no sin falta de razón, el cansancio que tendría la dueña de la tienda, después de tantas palabras juntas y bien dichas escuchadas en un escaso tiempo.

Reconocía que él también estaba exhausto, pero contento y feliz.

Hablaba solo de camino a su casa:

- Estoy asombrado y no puedo dar crédito a lo que ha pasado dentro de la pequeña tienda, ¡lo que he hablado madre mía!. Esa fórmula es mágica en cierta manera -el monólogo se produjo ya en la calle y movía la cabeza, cerraba los ojos tocándolos con sus dedos en señal de incredulidad, había aprovechado el tiempo al máximo y ahora solo faltaba esperar los resultados. Comenzó a andar, dejando la tienda y el resto del pueblo atrás y avanzando por el camino que le llevaba a su casa-laboratorio. Ya en las afueras, giró la cabeza para mirar hacia allí, respirando con satisfacción por el trabajo realizado, para él se trataba de eso precisamente, no de vanas palabras y sin fundamento. El enorme esfuerzo realizado para salir de su aislamiento lo tenía considerado como una buena obra, más incluso que la propia fórmula para conseguir la felicidad.

"¡Bravo muchacho!, Te has portado como un jabato -habló la conciencia-. *No sabía que esas facultades podías desarrollarlas así, de pronto, sin preparación ni nada parecido. Eres estupendo Salvador, amigo mío, continúa así, creo que por ese camino llegarás lejos, aunque sea a tus años, nunca es tarde para cambiar, siempre se puede rectificar a tiempo en todas las decisiones, eso si que es hacerlo bien, sigue así, no retrocedas. Ya sabes que me tienes a tu disposición en cuestiones de ánimo. Ya sabes que soy un experto y lo de volver hacia atrás no es aconsejable, casi nunca, a veces, sólo en ocasiones se puede echar una ojeadita para comprobar los fallos que se han tenido, pero nada más".*

- Gracias conciencia, con tus ánimos pienso que llegaré más lejos aún, un año de estos creo que se cumplirán todos mis deseos, tu que lo sabes, ¿no es verdad?.

"Hombre, yo no soy una fuera de serie, solo te ayudo de la mejor manera que se, pero eso de adivinar el futuro no entra dentro de mis competencias, saber lo que va a pasar dentro de un cierto tiempo, es imposible, en ese campo estoy vetado, por lo tanto tendrás que vivir al día y superarte de la forma que puedas".

- Muchas gracias de todas formas, ahora te añado muchas, para que vayas más contenta.

"¿Qué pasa Salvador, eso me lo dices con segundas intenciones?. A simple vista eso parece".

- No, eso solo es un mal entendido, tus consejos los aplico en lo que corresponde y al pie de la letra, ¿qué quieres que te diga si lo sabes todo de mi?.

"Bueno, bueno, dejemos estas pláticas porque acabaremos enfrentados y no es aconsejable que una persona se enemiste con su propia conciencia, sería el colmo, pero se van tantas cosas raras que no me extrañaría lo más mínimo. No estaría nada bien y te podría producir dolor de estómago. Hagamos las paces como buenos amigos y todos tan contentos, bueno tu y yo y seguiré dándote mis consejos cuando los necesites, eso si, con tu autorización previa, ¿de acuerdo?.

- Lo has conseguido -dijo *el aprendiz de brujo* sonriendono se como lo haces pero siempre consigues lo que te propones, ¡eres un genio!.

"Tu me has enseñado, tengo un buen maestro, ¿no crees?".

- Basta, basta, me sacas de quicio con tus insinuaciones y no me hagas la pelota más que no se te da bien.

"Está bien, me desvanezco, como el humo nuevamente, ¿estarás contento, no?".

- Pues un poco si, en cierta manera, de vez en cuando se debe descansar de todas las cosas y tu, precisamente tu, estás incluida dentro de ese apartado y aunque no estés de acuerdo, así es.

"Espero que no dudes en solicitar mis servicios en cualquier momento que los necesites".

- Agradecido conciencia y tranquilo hombre que todo se arreglará ya lo verás, al menos, eso espero.

"Eso de hombre es muy relativo, en fin este lapsus de interpretación te lo perdono, no lo has dicho de malas maneras y te comprendo, pero procura corregir esos fallos, ya sabes que no son de mi agrado".

- Perdóname, si quieres me pongo de rodillas para solicitar tu perdón -dijo Salvador con la sonrisa dibuja en el rostro.

"No es necesario, todo está ya arreglado, me esfumo".

Y se acabó la conversación entre *el aprendiz de brujo* y su conciencia en el mismo momento en que hizo acto de presencia en su casa-laboratorio.

La puerta al abrirse sonó un poco oxidada y lo primero que hizo fue coger el frasquito de aceite y le dio unas pinceladas en los goznes para suavizar el ruido, molesto y desagradable.

Pasados unos minutos probó para ver como había quedado y el ruido había desaparecido. Cerró la puerta y entró en el interior de la vivienda.

El arreglo efectuado en toda la casa en días pasados le produjo una sensación de alivio y alegría. ¡Menudo peso me he quitado de encima!. Ya que de otra forma no tendría más remedio que ponerme manos a la obra e intentar organizar todo en poco tiempo y no saldría bien. Ser previsor tiene sus ventajas. ¡Menos mal que eso de pensar a tiempo ha dado resultados sensacionales!. ¡Soy un genio para que andarme con rodeos!.

Se acercó a la puerta situada en el suelo que conducía hasta el sótano. Bajó las escaleras que le separaban. Una vez dentro, colocó la vela en un lugar estratégico para poder ver bien lo que allí se encontraba. Comprobó que lucía como los chorros del oro, no tuvo que pasar a través de la gran cantidad de telarañas como la otra vez, ahora permanecía todo limpio, daba otro aspecto al cuarto. Apagó la vela. Subió hasta la habitación de arriba donde estaba la cama. Dio un giro rápido a todo lo que allí se encontraba, daba una mala imagen ver en el centro el mueble en el cual descansaba, ¡cuando se acordaba de que tenía que hacerlo!.

Pensó la mejor manera de disimularla, al menos cuando tuviera visitas.

"Tengo una idea -surgió de repente la conciencia en el silencio de la estancia- *es referente al camuflaje de la cama, ¿te lo digo?*.

-¡Esfumate! -dijo muy enfadado *el aprendiz de brujo*- tengo mis propias ideas sin que intervengas, por lo tanto, ¡déjame en paz!. ¡Por favor te lo pido!, aunque sea por un corto espacio de tiempo, necesito pensar y para eso tengo que estar solo, incluso más que nunca y eso que yo de soledad se un rato largo.

La conciencia volvió a comunicarse con Salvador:

"Me esfumo como tu has sugerido, ya ves que cumplo tus órdenes al pie de la letra, no tendrás quejas de mi, en cambio tu me tratas muy mal y no me lo merezco. Pienso que te he ayudado mucho, te he aconsejado y tu me lo pagas de malas maneras, pero bueno, te dejo, algún día y no muy lejano, necesitarás de mi y yo no te haré el mínimo caso, me estás tratando francamente mal".

- ¡Sigue!, ¡sigue! -dijo Salvador- no me vas a conmover de ninguna manera. Estoy curado de espanto y aunque lo supliques no lograrás nada. ¡Adiós conciencia!.

"Pero, pero -dijo titubeando y casi suplicando- ¿me llamarás cuando me necesites?. ¿No es verdad? -volvió a insistir. Tengo que estar ocupada, por favor, no me trates así, no me lo merezco".

- De acuerdo, de acuerdo, si esto te hace feliz, así lo haré y ahora adiós.

"Gracias Salvador, no esperaba menos de ti después de todo. Ya te quedas solo, sin mis palabras de aliento, aunque yo vigilo, estoy alerta a cualquier cambio que se produzca".

De nuevo reinó el silencio en la casa-laboratorio del solitario investigador. Inició la tarea de hacer menos visible la cama en el centro y empezó a cavilar la mejor manera de lograrlo, de camuflarlo, en una palabra, como había insinuado su conciencia, era una palabra clave la que necesitaba en esos momentos: dejarla donde estaba pero sin estar. Parecía complicado a simple vista, pero no era así.

Empezó a buscar por la casa algo que le sirviera, vio una tabla que estaba apoyada en la pared, no recordaba que hacía allí, ni para que servía, pero le vendría bien. Se acercó a ella y comprobó con inmensa alegría que la podía utilizar para su cometido. La colocó entre los barrotes de la destartalada cama y más tarde cogió la colcha, la puso al revés para que no se viera la gran cantidad de polvo que tenía y utilizarla de mesa camilla.

Se separó un poco para ver cómo había quedado el apaño realizado.

- ¡Perfecto!. ¡Perfecto!. De todas formas necesito hacer una transformación general de la casa de arriba abajo, pero eso será después, ahora lo que me interesa es que la presencia de gente extraña, gente del pueblo aquí, sea favorable para lo que me propongo y conseguir ver logrado mi trabajo de tantos años.

Dicho esto se sintió contento y feliz. Se preparó una cena rápida y ligera. Volvió a quitar todo lo que había puesto en la cama para poder meterse en ella y se quedó profundamente dormido. Los gallos del pueblo le despertaron de su largo y agradable sueño. Sacó los brazos fuera de la cama. Inició la estirada de colocación y relajación de los músculos y seguidamente se levantó todo contento y entusiasmado.

Hoy va a ser un día muy importante para mi -pensaba- o por lo menos tenía que ser así. Se harán realidad muchos proyectos que venía elaborando desde hacía tiempo. Por esa razón salió de un salto de la cama. ¡Era increíble la agilidad que demostraba!. Estaba cambiando, casi ni se reconocía a si mismo. ¡Lo que podía producir unas cuantas gotas del potingue hecho con hierbas silvestres!. Se vistió y antes de hacer nada más colocó la cama de nuevo y la dejó como la noche anterior, tapando ésta con la tabla y la colcha. ¡Una cosa hecha!. Ahora continuaría con el arreglo de la casa-laboratorio, la primera impresión es la que cuenta y esa debería ser la más importante. Tardó un par de horas en su finalización. Luego se sentó a reposar y respiró hondamente.

¡Había trabajado mucho!. Demasiado -pensó-, y estaba agotado. Los años no pasan en balde y aunque quería demostrarse a sí mismo que podía, las circunstancias le decían lo contrario y frente a eso era difícil actuar.

Estuvo en período de descanso hasta la hora de comer. Se preparó algo que hiciera bien la digestión, como ya lo venía haciendo durante tiempo de forma habitual. Seguidamente se dispuso para recibir a su invitada o invitados, ya que no sabía cuántas personas se presentarían en su casa a la hora conve-

nida, si es que no se volvían para atrás. El reloj de la pared empezó a dar las campanadas correspondientes a las seis de la tarde. Cada sonido le resonaba en los oídos como cañonazos. Acabados éstos se produjo un eco y después de un absoluto silencio en toda la sala, como si hubiera pasado un ángel. Cada segundo que pasaba era una eternidad para *"el aprendíz de brujo"* que comenzó a pasearse de un lado a otro frotándose las manos en señal de impaciencia e intranquilidad. Solo habían pasado cinco minutos y ya le parecía que por lo menos habían transcurrido horas y horas.

Cuando el reloj marcaba las seis y dieciséis minutos sonó la puerta con unos suaves nudillos que le estremecieron pues al estar totalmente abstraído, nervioso y angustiado por la espera, le hicieron reaccionar y volverse hacia el lugar de donde se produjo el ruido.

Un poco calmado, no del todo, se dirigió hacia la puerta muy nervioso, pero antes se atusó un poco el pelo, se estiró la ropa y después abrió.

Ante él se encontraba la señora de la tienda y otras tres personas más: dos mujeres y un hombre. ¡Todo un éxito!.

La primera reacción fue de asombro y se quedó mudo sin poder decir nada, pero en unos segundos reaccionó y enseguida volvió a la realidad y sin más dijo:

- Pasen, pasen, por favor, no se queden en la calle, estoy despistado, perdonen, pasen, pasen.

La puerta quedó abierta por completo y en fila india fueron pasando uno a uno. Según lo hacían le iban dando la mano a su anfitrión. Cuando acabaron de pasar cerró la puerta y una vez dentro buscó las sillas necesarias para que se sentaran los invitados. Después de tantos años sin recibir visitas esto era un triunfo. Lo que dudaba ahora era si habían ido por conocer la fórmula de cómo conseguir la felicidad o a cotillear sobre su forma de vivir. Pero eso a Salvador no le preocupaba lo más mínimo. Estaban allí y lo demás no le importaba. Le gustaría, eso sí, que la visita fuera para tener conocimientos de sus investigaciones y que lo otro quedara relegado a segundo lugar, pero si se invertían los términos daba igual, el caso es que todo se resolvería favorablemente a su favor y eso pronto lo sabría, la historia había comenzado.

Una vez sentados en sus respectivas sillas, Salvador hizo lo mismo y empezó a hablar:

- Bueno, ante todo, debo dar las gracias a los que están aquí presentes por hacerme el honor de visitar mi humilde casa, es de agradecer, supongo que la señora (señaló ligeramente a la dueña del establecimiento con la cabeza) les habrá puesto al corriente de lo que yo le expuse anteriormente a ella, eso espero, ¿no es verdad?.

Hizo un leve movimiento de cabeza indicando que así era en realidad.

Todos miraban al "aprendíz de brujo" sin parpadear, esperando que continuara con sus palabras y eso es lo que pasó a continuación.

- Les consulto sobre lo que quieren antes: o les enseñó mi casa-laboratorio o les explico cómo he conseguido la fórmula para conseguir la felicidad utilizando hierbas silvestres de las que más de uno de ustedes, y lo digo sin temor a equivocarme, ha usado alguna vez, al menos una vez en la vida. Pero ahora solo deseo que me digan lo que han pensado en primer lugar.

Se juntaron los cuatro invitados para poder hablar entre ellos y decidir y la señora haciendo de portavoz dijo:

- Si "insiste" tanto en enseñarnos su casa-laboratorio, como la llama usted, optamos por eso en primer lugar, para luego continuar con la fórmula de la que tanto me ha hablado, que pensamos que es más importante y deseamos saber cómo lo ha conseguido después de que veamos su vivienda.

- Está bien, lo que ustedes deseen, son mis invitados y no debo defraudarles, estoy aquí para complacerles dentro de mis posibilidades.

Diciendo estas palabras se levantó de la silla y a continuación hicieron lo mismo las otras cuatro personas y una vez todos en pie, habló de nuevo *"el aprendíz de brujo"*.

- Como comprobarán mi casa es casi una miniatura y se ve pronto. Pienso que el lugar más interesante de toda ella es el sótano, pues está lleno de cachivaches, botes, botecillos, frascos, pipetas, un montón de artilugios propios de los laboratorios, el mío un tanto anticuado, no crean, pero muy práctico, que a más de un chiquillo y mayor incluso les gustaría permanecer en él horas y horas jugando con tantas cosas. Una advertencia importante, no hay luz artificial y la natural por supuesto que no llega, esa es una de las cosas que debo hacer y mañana mismo, sin perder un solo día más, por ese motivo cogeré la vela y bajaremos con cuidado los pocos peldaños que nos separan del piso de arriba, simplemente es para que se hagan una idea de las cosas que se pueden acumular durante años y años. Lo más probable es que algunas cosas ni se que están aquí, por lo tanto hasta que no disponga de una buena luz no podré hacer un estudio exhaustivo del contenido de la *"habitación subterránea"* como la llamo en ocasiones, pero con este medio de ver las cosas tan primitivo y tan útil en algunas ocasiones, podrán hacerse una ligera idea de lo que les acabo de decir, luego cada uno tendrá su opinión referente a todo lo visto. Más tarde desearía que me informaran de la mejor manera para reformar la casa y en lo que yo no estoy muy al día debido a mis continuas investigaciones de años enfrascado en mis estudios para ver acabada la fórmula y con la cual espero obtener los resultados deseados. ¿Qué ganaré con todo esto?, se preguntarán ustedes. Materialmente nada, solo la satisfacción de poder ayudar a los demás. ¿Por qué tanto interés en traerles a mi casa y mostrarles todo esto de forma tan complaciente?. Simplemente por una razón: He estado solo demasiado tiempo y llega un momento en que se necesita estar con alguien, contarle los problemas o lo que sea, lo que haces y ya a mis años es una necesidad apremiante que podrán comprobar cuando estén en mi misma situación.

Acabó de decir estas palabras en el mismo instante en que llegaron a la puerta situada en el suelo que conducía al sótano. Dejó la vela cerca de la entrada, cogió la anilla acoplada en la misma puerta y la subió, dejando al descubierto el hueco por donde tendrían que bajar.

De nuevo tomó la palmatoria e inició la bajada. Eran pocos escalones. Él bajó primero y seguidamente lo hicieron las cuatro personas que estaban de visita.

Una vez todos abajo, giró la vela a un lado y a otro para que pudieran ver, no con la claridad deseada, lo que allí se encontraba. Quedaron admirados de todo lo que permanecía colocado por los estantes, cientos de botes, frascos y muchas cosas más que no sabía ni lo que podría ser. Lo único que exclamaron cuando la luz apuntaba hacia el lugar elegido por el dueño de la casa fue un ¡oh!.

Escuchando este simple y escueto monosílabo, formando un cuarteto, la sonrisa se dibujó en el rostro del *"aprendíz de brujo"*.

- *¡Lo has conseguido!. ¡Bravo muchacho!* -de nuevo apareció tímidamente la conciencia, pero Salvador en lugar de enfadarse por la intromisión prohibida de antemano, se limitó a decir un simple, ¡gracias!.

Y no dijo más, ya que en esta ocasión le agradecía mucho las palabras de aliento.

- ¿Qué les parece? -rompió el silencio preguntando a los allí presentes que seguían mirando embobados, igual que un niño contempla los distintos números de un espectáculo circense. ¿Les ha gustado el sótano?. Por lo que he visto y me da la impresión es lo que más les ha llamado la atención. ¿Me equivoco?.

Tardaron un rato más hasta que respondieron a la pregunta del dueño de la casa. Y habló en esta ocasión el único hombre que llegó acompañando a las tres señoras.

- De verdad que no me imaginaba que se pudieran guardar tantas piezas diferentes en un sitio tan pequeño. ¡Hay que verlo para creerlo!. Y movía la cabeza.

- Me alegro que les guste, no saben cómo lo celebro. ¿Son ustedes también de la misma opinión que el caballero? -dijo dirigiéndose al trío de féminas.

- Por supuesto -contestaron- ¡Es maravilloso!.

- Gracias, gracias, estoy muy emocionado. No esperaba esta reacción.

- Ahora si lo desean podemos subir de nuevo al piso de arriba y ya saben que lo tienen a su disposición, eso si, cuando instale la luz eléctrica, pues de esta forma no se ve nada y no se podría realizar ningún experimento.

Una vez en la planta alta, Salvador apagó la vela. La dejó en una repisa y les invitó a sentarse en el lugar que estaban antes de bajar al sótano.

El olor a cera se dejó notar claramente en la habitación con el humillo discurriendo libremente a través de la misma.

- Por lo que veo -empezó diciendo el anfitrión- han quedado gratamente sorprendidos, pero ahora lo que cuenta y me interesa es que se sorprendan aún más cuando les explique cómo he conseguido la fórmula para obtener la felicidad, que es lo que les ha traído hasta mi casa.

- ¡Cuente! ¡Cuente! -habló la dueña de la tienda. Estamos esperando impacientes por saber más de esa fórmula mágica.

- Pues entonces no me demoraré más e iré al grano, eso de hacer esperar no es de mi agrado y menos para el que lo tiene que soportar.

Se sentó en una silla enfrente de los visitantes que hicieron lo mismo y el relato espontáneo, rápido y escueto sobre sus estudios acerca de la subsodicha fórmula fue iniciado sin más demora.

Les explicó de manera muy clara que la "receta" la tenía de unos antepasados y que todo lo que utilizaba eran hierbas silvestres, conocidas, la mayoría, pero que siguiendo al pie de la letra todos los pasos se conseguía. Él ya lo había probado, los resultados eran evidentes, ya que después de tantos años sin hablar con nadie, en la tienda demostró el cambio surgido.

- ¿No es así señora?. Usted ha sido mi primer testigo de lo que digo. Pues es la única con la que he hablado, poco eso si, durante tantos años, pero el otro día fue cuando al probar la mezcla realizada hablé por todos los años juntos desde que me conoce. Me dará la razón. Es verdad, ¿si o no?.

- Pues si, en eso estoy de acuerdo -dijo ella algo titubeante- de todo el tiempo que Salvador ha frecuentado la tienda la primera vez que he tenido una conversación con él fue ayer. Se presentó todo risueño, cambiado en su aspecto desaliñado y también en sus palabras. Parecía realmente otra persona. Yo quedé asombrada y muda al verle con el nuevo aspecto. En ese momento es cuando me comentó lo de la fórmula para conseguir la felicidad. No daba crédito al escuchar sus palabras, pero siempre te queda la duda, pero creo y lo digo convencida que la mezcla de las hierbas silvestres debe tener algún ingrediente que haga cambiar a la gente, a la vista está.

Dirigió la mirada hacia *"el aprendíz de brujo"* y los demás miraron también.

- Amiga mía -cortó la repentina carrerilla de la señora- en parte tiene razón y en parte no. Todo lo que utilizo es sano y no hace mal a nadie, al contrario, es cuestión de mentalizarse y creer a pie juntillas que el potingue es mágico, entonces es cuando produce efecto, antes no, hay que creer para que llegue a surgir los resultados deseados.

- Entonces, ¿no es realmente mágico?.

- Un poco si, ya les digo que lo que utilizo son productos naturales que se usan a menudo y hacen efecto, porque no me dirá que si una noche se encuentra incómoda se toma una tila o una manzanilla y se queda relajada, ¿o no?, eso está demostrado y no me diga que no pues no me lo creeré, y así es todo. En esta ocasión mi fórmula es una mezcla, por lo tanto la reacción y los resultados tienen que ser excelentes y sanísimos, bueno son ya en presente, ya que al tener un poco de cada no se puede fallar si se han utilizado según la receta original y siguiendo al pie de la letra las indicaciones pertinentes.

Hubo una pausa tras la finalización de la plática por parte de Salvador y se levantó. Se dirigió a un armario marrón y oscuro, un poco destartalado y carcomido que permanecía adosado a la pared, abrió las dos puertas a la vez y sacó una botella de licor y les ofreció:

- Les pido disculpas por no haberles ofrecido antes algo de beber, la falta de costumbre y también como les veía con tantas ganas de saber sobre la fórmula, que olvidé que eran mis invitados, pero más vale tarde que nunca, por lo tanto ahora se lo ofrezco con mucho gusto.

- Gracias Salvador -habló la dueña de la tienda en primer lugar y viendo que era una botella comprada en su establecimiento continuó- yo si, una copita me vendría muy bien en estos momentos, se lo agradezco Salvador.

Los otros también aceptaron y el *"aprendíz de brujo"* sacó una bandeja de madera, puso en ella cinco copas y la botella y se acercó de nuevo al grupo.

Puso la bandeja encima de una mesita, allí todo era diminuto, no daba para más y seguidamente volvió al armario y sacó una caja de galletas y las colocó también junto a la botella de licor, de esa forma toda la mesa quedó en su totalidad cubierta.

Salvador destapó la botella de cristal marrón oscuro, quitó el tapón y ofreció a los presentes. Todos aceptaron y según la cantidad que deseaba tomar cada uno así les fue echando en las respectivas copas. Hicieron un brindis sin precisar cual, juntando las copas simplemente, pero no se derramó ninguna gota y eso era un buen augurio para los supersticiosos. Se volvieron a sentar y cada uno bebió un sorbito, dejando las copas encima de la bandeja y al que le apetecía comía galletas.

La conversación en esos momentos fue tan escasa que solamente se apreciaba alguna sonrisa esporádica o alguna palabra suelta haciendo referencia al vino, por cumplir, nada más, pues no venía a cuento sacar a relucir algo tan simple como el sabor del licor, pero la ocasión no requería y si uno levantaba la copa los otros lo continuaban, por eso de quedar bien y no ser una excepción.

Vaciadas las copas y antes de que el *"aprendíz de brujo"* dijera nada, la conciencia le hizo una observación bastante importante para lo que éste deseaba conseguir:

"Salvador no te quedes parado como un pasmarote. Parece que te ha dado un aire, pero de los fuertes, reacciona hombre". *¡Venga!. Se te van a ir los invitados y de la fórmula no has sacado nada en claro todavía. Sírveles otra copa y habla, pero ¡ya!. Es tarde y se marcharán. Te quedarás solo, bueno conmigo, y luego, ¿qué?. De nuevo otra vez a intentar convencer a la gente de lo que has hecho. Ahora es tu oportunidad, aprovéchala lo mejor que puedas, no te demores, el tiempo es oro, ya lo sabes, y no se puede desperdiciar en absoluto lo más mínimo, hay que vivir el momento actual y preciso, venga hombre, actúa, ¡ya!. ".*

- De verdad conciencia que eres increíble. Siempre apareces en los momentos más necesarios. ¡A veces!. pero en fin, eso ya pasó y me disculpo por todo. Se que eres una gran ayuda y ahora mismo me lo acabas de demostrar y te haré caso, y así no tendrás quejas de mi comportamiento nunca más.

"Es de agradecer Salvador, pero no lo dejes, venga actúa. ¡Qué es para hoy!.

- Está bien, de acuerdo, reza todo lo que quieras, si sabes hacerlo, no se cómo voy a salir de esto.

"Lo haré, descuida, no te preocupes, estate tranquilo y ten ánimo".

La reacción del *"aprendiz de brujo"* fue instantánea tras escuchar las palabras de aliento de su conciencia y dirigiéndose hacia los cuatro invitados les dijo:

- ¿Otra copita?, -y antes de que éstos contestaran a su escueta pregunta continuó haciendo alusión a la bebida- bueno, pero que muy bueno es este vino, se lo digo sin cumplidos, deja un sabor excelente en el paladar, tendrá un éxito en sus ventas, ¿no es verdad señora?.

- Exagera un poco Salvador, es más bien un vino normal, peleón que se dice, lo que sucede es que usted ha estado tanto tiempo sin beber que le sabe bueno cualquiera que se tome, pero tengo otros mucho mejores que éste. Ya le guardaré una botella para que compare sabores.

- Se lo agradezco, pero no es necesario que se tome tantas molestias.

- No es ninguna molestia, se lo aseguro, un día de estos cuando se acerque a la tienda en busca de provisiones se le entregaré y no se hable más.

- Gracias señora, muchas gracias. Y hablando de otra cosa me referiré sin más rodeos a la fórmula y antes que nada les mostraré el frasquito donde la conservo. Después espero su opinión o sus sugerencias sobre la misma, porque ya que está hecha se deberá usar para que sea útil a todo aquel que la tome.

Se produjo un silencio y los invitados se miraban unos a otros como preguntándose, ¿quién se la tomará primero?, ¿quién será el decidido, el que de el primer paso?. Si es que se atrevían. De nuevo silencio.

Esa era la incógnita que se debería desvelar y que preocupaba tanto a Salvador.

- ¿No se deciden? -rompió el silencio el dueño de la casa- por si acaso no me creen, en primer lugar la tomaré yo, y espero que alguno de ustedes siga mi consejo y me acompañe.

Se levantó y se dirigió hacia el lugar donde anteriormente dejó el frasquito con la composición de las mezclas.

Lo tomó con sumo cuidado y de nuevo volvió hasta donde permanecían sus invitados, sin moverse. ¡Estaban paralizados!. Y no lo comprendía, ¡si todo era normal!, al menos para él lo era.

- Y, ¡aquí está!, ¿qué les parece?. Insignificante a primera vista, seguro, pero no siempre por la apariencia se puede juzgar, eso no es justo, en ocasiones resulta todo lo contrario.

Diciendo esto abrió el frasquito. ¡Era tan pequeño!, que el diminutivo le venía como anillo al dedo. Cogió una cucharilla, de esas que se usan para el café. Vertió el contenido en ella y se lo tomó, ante la cara de asombro de los cuatro vecinos del pueblo que asistieron a la invitación del *"aprendiz de brujo"*.

- ¡Ya está!. ¿Lo ven?. Es sencillísimo. No se necesita nada más. ¿Se deciden o no?. Y no se preocupen que no les voy a envenenar, si es que es lo que están pensando.

De nuevo se miraron y cuando ninguno de ellos parecía decidirse a probar la fórmula, una de las mujeres que había permanecido en silencio durante toda la conversación, a excepción del ¡oh! de admiración al ver el sótano, dijo:

- Y, ¿por qué no?. Yo voy a probarlo. Malo no va a ser con los ingredientes que lleva, no puede hacer daño a nadie. Traiga, traiga Salvador, que yo voy a tomar una cucharadita.

El *"aprendiz de brujo"* le entregó otra y mientras ésta la sujetaba él le vertió un poco de líquido y una vez llena y temblándole la mano, ante la cara de asombro de sus acompañantes, la decidida mujer se lo tomó.

Todos permanecían expectantes esperando el resultado, aunque sería un poco pronto para saber si tendría reacción lo ingerido.

¡Algo se notaría!. Era evidente, pues según las palabras del dueño de la casa era una fórmula conseguida a la perfección y él ya lo había probado y cambió en su actitud y en su aspecto, a pesar de que esto último no tenía nada que ver con el líquido prodigioso que él mismo preparó, sino más bien por la intervención, muy necesaria, de su conciencia.

- ¡Muy bueno!, pero, ¡qué muy bueno! -fueron las primeras palabras que dijo la señora una vez tomado. Esto tiene que hacer un efecto sorprendente, el paladar ya lo ha experimentado, espero que todo siga igual de bien. ¿No se animan? -les preguntó a los tres vecinos ante la mirada del *"aprendiz de brujo"* que se había callado cuando inició los elogios la señora pionera en probar su fórmula.

Se miraron y no dijeron nada. Eso significaba que no tenían muchas ganas de probar la mezcla y habló la dueña de la tienda:

- Creo que lo mejor que podemos hacer es marcharnos a casa, es muy tarde, está anocheciendo y tenemos nuestros quehaceres que atender.

- Si, si, pienso lo mismo, yo tengo a mi marido y a mis hijos en casa y se estarán preguntando qué cuanto tardo -habló en esta ocasión la otra señora.

El único hombre invitado a la pequeña casa de Salvador no dijo nada, pero movió los pies dirigiéndose hacia la puerta de salida al exterior. No pronunció palabra alguna, solamente hizo los movimientos indicativos de querer marcharse igualmente y con eso quedaba todo dicho.

- ¡Pero! deberíamos esperar un poco más hasta que me haga efecto lo tomado -dijo preocupada-. ¿Cuánto suele tardar Salvador? -preguntó al autor de la fórmula la mujer que ingirió el líquido, un tanto angustiada, casi suplicando una respuesta.

- Eso va en las personas. No le puedo decir con exactitud lo que tardará, en su caso, en producirse el efecto deseado. En mi caso, no fue mucho, menos de una hora, pero no le aseguro nada en concreto, pero esté tranquila que todo está controlado y no tiene por qué preocuparse, confíe en mi, por favor.

- Pues estamos apañados -habló un poco fuera de sus casillas- o sea, que haciendo caso de sus palabras y sus tretas me he tomado un líquido que no sabe cuándo puede hacer la reacción para lo cual lo he ingerido, y aquí estoy esperando una cosa absurda y sin fundamento. Me ha utilizado como conejillo de indias y estoy empezando a ponerme nerviosa. Por lo tanto, ¡esa cosa! -la señora dijo estas palabras poniendo la vista en el frasquito que permanecía encima de la mesa y en un tono muy despectivo- no me ha hecho nada, sino todo lo contrario, me ha dejado bastante alterada, cuando, según usted, no tenía que ser de esa manera.

Salvador se acercó a ella y en un tono amable y sosegado la cogió del brazo suavemente y dijo:

- ¡Siéntese aquí, por favor! -le mostró la silla- y, ¡cálmese!. No va a conseguir nada poniéndose así, en ese estado de nerviosismo en el que se encuentra en estos momentos, esto no le va a hacer ningún mal, en absoluto, créame, se lo puedo asegurar que así será, no se preocupe.

- ¡Está bien!. ¡Está bien!. Me sentaré, pero, ¡suélteme el brazo!, ¡por favor!. Se ir sola y no necesito de su ayuda.

- De acuerdo, de acuerdo, como guste.

Ante esta situación tan inesperada Salvador estaba paralizado, a pesar de que demostraba no estar preocupado, en realidad si lo estaba. ¡No sabía qué hacer!. Permanecía observando a sus invitados, uno a uno, en ráfagas intermitentes: a la señora sentada en la silla, callada, pensativa y preocupada y a los otros tres que le miraban de forma acusadora y procurando apartar la mirada de la suya.

Le empezaban a entrar los sudores de la inseguridad, pero no quería demostrar su preocupación delante de ellos, a pesar de que los nervios y la angustia se iban apoderando poco de poco de él. ¿Por qué razón se había puesto la señora de esa forma?. ¡No lo comprendía!. Él lo hacía de buen fe. La mezcla estaba bien, lo tenía todo claro. Él la tomó y no había pasado nada raro que pudiera preocuparle.

Se apartó un poco de sus invitados, tampoco lo podía hacer demasiado lejos y perderles de vista, ya que el espacio no daba para más, pero si unos cuantos metros, los suficientes para aprovechar y limpiarse el sudor que le corría por la cara, con la manga de la camisa y hablar con su conciencia, que era la única que le comprendía y ahora la necesitaba más que nunca, en estos precisos instantes esperaba esas palabras de consuelo que siempre le daba.

Estaba desesperado. ¡El plan había salido mal!. Pero, ¿por qué?. No lo entendía. Aquí existía algo que no le entraba en la cabeza.

"Salvador, amigo mío, ¡tranquilízate! -dijo su conciencia- creo que te estás alterando sin causa justificada. Espera un poco más de tiempo, si es que no se marchan antes, y comprobarás que los resultados han sido positivos y excelentes, como se esperaba. El tiempo todo lo arregla. Es demasiado pronto para decir que has fracasado, no te alarmes, no te servirá de nada".

- Gracias conciencia, tus palabras me reconfortan, y no sabes cómo. Me encuentro entre la espada y la pared y no tengo escapatoria posible. Estoy desesperado y no sé qué hacer.

"Pero hombre, no digas eso, te ahogas en un vaso de agua y eso no está bien. Debes recuperarte sin más demora, y superar lo que se te ponga por delante, ahora que ibas encaminado por el sitio correcto, no lo estropees y lo tires todo por la borda y vuelta a empezar. Debes salir de esto tú solo, aunque yo te ayude, a mi no me ven, por lo tanto, arréglalo. Pero no decaigas en sus decisiones, porque de otra forma tendrías que empezar de nuevo y te llevaría demasiado tiempo y no lo acabarías. Por esa razón, vamos hombre, ¡adelante!, pase lo que pase, no mires para atrás y continúa con lo que tanto esfuerzo te ha costado y que ahora estás manteniendo. ¡Anímate!. Demuéstrales que tu tienes razón y que es para bien de ellos y de la persona que tome esa mezcla que tantos sudores te ha costado hasta sacarla adelante".

- Haré caso de lo dicho. Lo tendré presente en todas mis decisiones y no sabes cómo te agradezco que me ayudes, después de lo mal que me porté el otro día.

"¡Basta!. No quiero saber nada de eso, ya pasó, por tanto como dice un refrán: "que agua pasada no mueve molino", así que aplica la frase y no vuelvas a insinuarlo de nuevo. ¡Atento Salvador!, parece que la señora se levanta. ¡Acércate!. ¡Venga! por si necesita algo de ti. ¡Rápido!. Sin más demora".

Eso es lo mismo que se dispuso a hacer. Se colocó al lado de ella y dijo:

- Señora, ¿se encuentra bien?.

- Perfectamente Salvador, nunca he estado tan bien como ahora.

Al acabar de pronunciar estas palabras las otras tres personas que habían permanecido calladas, se acercaron a la señora.

Habló la dueña de la tienda:

- De verdad, ¿te encuentras bien?.

- Por supuesto, ha dado resultado, aún no me lo creo, pero es cierto. ¡Es increíble!.

Se levantó y se dirigió al *"aprendiz de brujo"*.

- Le pido disculpas Salvador, por haber dudado antes de sus conocimientos y de su buena fe. Ahora comprendo lo que nos dijo de que va en la persona el tiempo de reacción de la fórmula. Los ingredientes al ser naturales producen efectos distintos en unos y en otros. Le doy las gracias y deseo que la fórmula sea un éxito y la puedan probar todas las personas que quieran, sin coacción y libremente, ¿no es verdad?, aunque antes haya dicho que me había utilizado como conejillo de indias. Perdóneme, pero es que estaba muy nerviosa ante esa situación de no saber que podría pasar.

- Usted lo ha dicho amiga mía, claro que si, esto es libre -habló Salvador- y además seguiré haciendo más para el que lo desee probar, será gratuita y así podrá estar al alcance de todos y comprendo su reacción, la esperaba.

- Bueno, yo me despido, tengo bastantes cosas que hacer -habló la señora que probó la fórmula, dirigiéndose al resto de los invitados.

- ¿Regresáis conmigo o deseáis permanecer más tiempo en esta casa?.

- Yo te acompaño -dijo en primer lugar la dueña de la tienda, promotora de este encuentro. Y lo mismo hicieron las otras dos personas.

Una vez juntos los cuatro cerca de la puerta se volvieron y se despidieron del dueño de la casa.

Le estrecharon la mano, despidiéndose hasta otro día y deseándole todo el éxito posible que se pudiera esperar. La última en despedirse fue la iniciadora de probar la fórmula que le dijo:

- Estoy realmente contenta de haber tomado un poco del contenido del frasquito. Espero hacerle otras visitas cuando lo necesite. ¿Que le parece?.

- Estupendo -habló con cara de satisfacción el *"aprendiz de brujo"*- esta es su casa para cuando quiera venir, serán bien recibidos todos aquellos que les apetezca hacerme una visita. Téngalo en cuenta. ¡Hasta mañana!.

Esta despedida escueta y sin demasiados quebraderos de cabeza la pronunció el anfitrión a la señora cuando ya había traspasado el umbral de la puerta y estaba más fuera que dentro.

Los tres restantes andaban despacio esperando a la rezagada.

- ¡Adiós!. Hasta otro día -y volvió a dar la mano a Salvador.

Se unió al grupo de tres y ya una vez juntos comenzaron a andar y se encaminaron hacia el pueblo. Las luces de las casas ya empezaban a asomar a través de las ventanas y el cuarteto continuó andando y al perderlos de vista el *"aprendiz de brujo"* se metió dentro y cerró la puerta tras si.

Permaneció con la espalda apoyada en la parte interior de la puerta. Respiró hondamente y pasado un tiempo escaso que le sirvió de relajamiento, abandonó esa postura, se sentó en una de las sillas colocadas para las personas que se acababan de marchar, se sirvió un vaso de vino, del peleón pero bueno para él, y de un trago se lo tomó.

Como estaba tan cansado de tantas emociones en un solo día, se metió en la cama, sin probar un solo bocado. ¡Se le había quitado el hambre por completo!. Y su conciencia lo único que le dijo fue una frase escueta y alentadora:

¡"Qué descanses"!.

Y con un simple, ¡gracias!, se acabó todo por ese día, importante, sin lugar a dudas para Salvador, que se quedó dormido profundamente.

Al día siguiente le despertaron los rayos que a través de la pequeña ventana enviaba el sol. Estiró los brazos para relajarse. Se levantó y se dispuso a dejar la casa aún más arreglada de cómo estaba, pero antes tomaría un buen desayuno. Además el sótano necesitaba una limpieza más a fondo y la instalación de la luz en el cuarto subterráneo tenía que ser inmediata.

Se disponía a bajar las pocas escaleras que le separaban de la parte alta sin perder más tiempo cuando sonaron unos golpes en la puerta. Se extrañó mucho, pues no esperaba a nadie y menos a esas horas de la mañana. Se dirigió hasta la salida y abrió. Frente a él estaba el señor invitado la tarde anterior que venía acompañado de otros dos señores con monos azules y una caja de herramientas cada uno, que permanecían detrás de él.

El señor fue el primero en iniciar el diálogo con el dueño de la casa.

- ¡Buenos días Salvador!. Antes de que le diera tiempo a contestar prosiguió: Se preguntará qué es lo que hago en su casa a estas horas tan tempranas, sin avisar previamente y con estos señores que vienen conmigo, ¿no es verdad?.

- Efectivamente -contestó Salvador.

- Pues que venimos a ayudarle, a echarle una mano. Recuerdo que comentó que necesitaba poner luz en el sótano para poder ordenar todo lo que en él se encuentra y con una vela es bastante difícil de hacerlo, pues es imposible ver toda la habitación subterránea, como la llama usted, con esa luz tan primitiva y tan diminuta, que va y viene a la menor ráfaga de aire, ¿qué le parece?. ¿Está de acuerdo?.

- Pues no saben cómo se lo agradezco, en estos momentos me disponía a bajar y empezar a quitar todos los frascos, pero no había pensado que no tengo ni pizca de idea sobre instalaciones y su presencia es como si hubieran adivinado el pensamiento. Pero pasen, pasen, no se queden en la calle. Perdonen el desorden, es que hace poco tiempo que me levanté y no me ha dado tiempo para hacer nada. ¿Lo comprenden, verdad?. De todas formas necesito arreglar la casa del todo y si puedo disponer de su ayuda se lo pagaré y además se lo agradeceré y no saben de qué manera.

- Tranquilo Salvador, nosotros y con su colaboración le vamos a dejar una casa de la que se sentirá orgulloso y que no conocerá una vez que hayamos acabado, ya lo verá.

- Gracias, gracias, pues empecemos cuanto antes. ¿Quieren tomar algo?.

- En estos momentos no, gracias Salvador, se lo agradecemos, pero hemos venido a trabajar, más adelante no le digo que no, pero ahora lo primero de todo, si no tiene inconveniente, bajaremos al sótano y veremos el tiempo que nos lleva meter los cables para que pueda ver todo lo que allí hay, eso sí, lo de los frascos, pipetas y demás utensilios, se lo dejamos a usted, que está más diestro en tocar esos materiales tan delicados.

- De acuerdo -dijo Salvador- les encenderé la vela para que vean, aunque sea poco, lo suficiente para que puedan empezar a trabajar.

Se dirigió hacia la repisa donde reposaba la palmatoria con la vela. La encendió y se acercó a la trampilla colocada en el suelo y subiendo la anilla para arriba dejó al descubierto la entrada al sótano. Bajó él primero. Puso la vela en el centro y desde abajo les indicó que podía llegar hasta allí y eso es lo que hicieron.

- Y ahora les dejo, estaré en la parte de arriba y me pondré a arreglar un poco, si me necesitan no duden en llamarme.

Subió las escaleras y una vez en el piso superior la conciencia habló de nuevo:

"¿No te parece extraño que así, de repente, y tan rápidamente, no han pasado ni veinticuatro horas, se hayan ofrecido a ayudarte con lo reacio que se encontraba ayer este señor?. Recuerda

que no dijo esta boca es mía, y hoy, mira por donde, tan amable, tan complaciente, aquí hay gato encerrado, ¿no crees?".

- Pues no se qué pensar, yo confío mucho en la gente y pienso que lo hacen de buena fe y sin mala intención. ¿Qué se pueden llevar?. Nada. Lo único, la fórmula, pero eso no sería problema, la tengo en la cabeza y ellos no la saben hacer. No hay nada importante que les pueda ser útil. Si de verdad han venido a llevarse algo, les vigilaré con precaución, pero estoy convencido de que lo hacen para ayudarme. Se han adelantado, pues según mis intenciones tendría que haber ido yo al pueblo a buscar gente para hacer el arreglo, es como si me hubieran leído el pensamiento.

"Espero y deseo que todo salga bien como tu dices, te lo mereces".

- Agradecido conciencia, tus palabras me animan y eso es bueno y me relaja.

Se cortó la conversación y Salvador comenzó a colocar por la habitación todo lo que permanecía en desorden. Cuando más distraído estaba en sus quehaceres le llamaron desde el sótano y él bajó sin que se lo tuvieran que repetir dos veces.

- Aquí me tienen, ¿qué desean?.

- Simplemente que nos ayude en algunas cosas, cuestión de unos minutos solamente.

- Está bien, de acuerdo, para eso estoy, y por el tiempo no se preocupen, tengo mucho y esto me interesa muchísimo.

El *"aprendiz de brujo"* se acercó a los hombres que tenían en la mano unos cables y se dispuso a ayudarles. Al poco tiempo el sótano quedó iluminado con una bombilla y se podía ver toda la habitación subterránea en su totalidad, a las mil maravillas, lo cual daba la sensación de tener más amplitud.

- ¡Qué maravilla! -exclamó el dueño de la casa. Esto es otra cosa, ¡ya era hora!. Pero un día por otro y enfrascado en mis estudios e investigaciones no he caído en la cuenta de que hay otras cosas que necesitan echarles un vistazo de vez en cuando. Ahora tengo más trabajo que antes, solamente comprobando materiales colocados en las repisas es suficiente. Así me entretengo. Subamos y tomemos algo, tienen que estar secos después del trabajo.

- Pues ahora si que se lo aceptamos con mucho gusto.

Diciendo estas palabras subieron y Salvador les preparó la bebida.

Se sentaron en las sillas que estaban distribuidas por la única habitación de la casa y relajados se lo tomaron.

El invitado del día anterior, que era el único que hablaba, en esta ocasión, echó una ojeada a la estancia e hizo un comentario, pregunta que el dueño de la casa agradeció muchísimo.

- ¿Cuándo pintamos la casa Salvador?.

- Lo antes posible, mañana mismo si puede ser o cuando puedan ustedes. Iré agrupando los muebles para cuando lleguen esté todo dispuesto.

- De acuerdo, mañana nos tendrá aquí puntuales.

- Gracias, gracias, estoy muy contento, va a quedar una casa totalmente renovada y podré recibir a mis invitados con gran placer. Cuando finalicen todo, les pido, por favor, me traigan la cuenta de los gastos originados y la mano de obra, aparte de agradecérselo, y ¡no saben cómo!. Muchas gracias.

Cuando acabaron de tomarse la bebida se levantaron y con un simple, ¡hasta mañana! se marcharon.

Sólo en su casa, Salvador parecía un chico con zapatos nuevos. Únicamente le faltaba dar saltos de alegría, pero no creía conveniente hacerlo, debido principalmente a su edad, sería una imprudencia, por lo tanto se reprimió como pudo de su impulso repentino y bajó al sótano para comprobar, con gran placer, el cambio tan notable que se había producido. No se cansaba de mirar por todos lados y encender y apagar la luz, aún no se lo creía y lo poco que tardaron en hacerlo.

La alegría le desbordaba por los cuatro costados. Ahora le gustaba hablar con la gente, antes era huraño, solitario e incapaz de reaccionar a todo contacto con los demás habitantes del pueblo, pero de un tiempo a esta parte todo era distinto.

Comprobó ligeramente lo que allí tenía. ¡Madre mía!, exclamó. -¿cómo he podido guardar tantos frascos y casi a oscuras?.

- Cuando todo esté pintado y transformado me dedicaré a colocarlo y entonces invitaré a más gente del pueblo y les mostraré, sin rodeos, no puedo perder más tiempo, mi fórmula para conseguir la felicidad, aunque solo he tenido una "probadora" espero tener más de una de ahora en adelante.

"Así se habla" -dijo la conciencia.

- Pensaba -habló Salvador- que no ibas a decir nada más y te agradezco tu compañía a través de tus palabras y no te imaginas cuánto.

"Me gustaría que todo te saliese bien y creo que va a ser así, ¡te lo mereces!".

Llegó la noche y el *"aprendiz de brujo"* se metió en la cama, habiendo dejado los muebles juntos, a excepción del que iba a utilizar, para no hacer esperar demasiado a los hombres que estaban transformando su modesta casa.

Amaneció un día espléndido. Todo se ponía a su favor, incluido el tiempo, se podía sentir muy satisfecho. Se levantó rápidamente y dispuso lo necesario para pintar la habitación: había elegido el color blanco y vendrían ya con la pintura. Lo había elegido el día anterior a través de unas muestras que llevaban los pintores.

Puntuales como el día anterior llegaron a casa dispuestos para iniciar el trabajo.

En un par de horas dejaron las paredes como los chorros del oro, no así el suelo de la habitación que quedó un poco sucio debido a los goterones que de vez en cuando se les escapaban de las rodillas. ¡Era inevitable!. Por mucho cuidado que se pusiera siempre caía algo, pero que luego fue recogido y quedó todo perfecto.

Daba la sensación de haber aumentado algunos metros la pequeña estancia. Salvador estaba contentísimo y no sabía cómo demostrarlo. Invitó a sus "colaboradores" en la reestructuración a tomar algo y el que siempre hablaba, en esta ocasión, ni corto ni perezoso pidió probar la mezcla de las hierbas para conseguir la felicidad.

Ante esa petición tan inesperada el *"aprendiz de brujo"* se quedó mudo de asombro, pero se la dio sin rechistar, no era cuestión de desaprovechar la oportunidad que se le ofrecía, así tan de repente y cuando menos lo esperaba.

Tomaron asiento mientras servía a uno de sus invitados la mezcla pedida y él también se echó un poco en una copa.

El señor, un poco indeciso, miró de arriba abajo la copa contemplando el color tan bonito que ésta contenía. El dueño de la casa pasó de cualquier clase de miramientos y se lo bebió de un trago, era poco, en cambio el otro al contrario tomó un sorbito, lo saboreó y viendo que el sabor era agradable, como había dicho la señora, lo concluyó de otro trago.

Salvador respiraba satisfecho de su nueva adquisición "voluntaria". Él no quería conejillos de indias, además no eran experimentos raros que pudieran dejar a la persona que se prestaba a ellos con la duda, eso no era así, todo lo contrario, la fórmula no hacía mal a nadie.

Antes de marcharse los pintores, Salvador les entregó sus honorarios que previamente habían estipulado.

Les despidió todo contento, orgulloso y les invitó a una reunión informal en su nueva y recién pintada casa y que le acompañaran las personas dispuestas a pasar un rato agradable y ameno, dejando a un lado las preocupaciones.

Así quedó todo. Desaparecieron de su vista. Cerró la puerta y se dijo:

- Esto va prosperando, es estupendo, aún no me lo creo, debo estar soñando.

- *"De eso nada -dijo la conciencia- amigo mío, estás bien despierto y no seas modesto, que esto solo es el fruto de tu constancia y empeño en conseguir una cosa clara: intentar que los demás prueben tu mezcla, que tanto esfuerzo te ha costado".*

- Tienes razón, estoy consiguiendo éxitos que hace unos meses no se me habrían pasado por la cabeza, pero ahora estoy en el buen camino y procuraré mantenerme así y seguir adelante, por encima de todo y pase lo que pase.

- *"Estoy orgulloso de ti, de verdad, ¡sigue así!, en la cúspide de tu triunfo, en una palabra, en lo mejor, donde los años forman un capítulo por separado, el espíritu es lo más destacado y predominante si consigues tu sueño, una realización grata y que en cierta manera esperabas con mucho reparo, pero que ahora ya no te acuerdas, ni quieres hacerlo, de los malos ratos pasados es mejor dejarlos en el olvido y mirar al frente, intentando superarte cada día".*

- Gracias conciencia, tus palabras filosóficas me aleccionan aún más, ¡no sabes cómo!. No se que habría hecho sin tu ayuda, has sido como un pilar para mi en los puntos más negros y negativos de mi vida.

"Venga hombre, no empieces otra vez y trabaja que tienes un largo camino todavía por recorrer".

- Eso espero.

Diciendo estas palabras se le escapó una sonrisa de los labios.

Pasados unos días y cuando ya toda la casa estaba arreglada, prácticamente, como los chorros del oro, recibió la visita esperada, en cierta manera, pero a la vez sorprendente, del señor-colaborador en la realización de la misma y le comunicó una noticia que le puso muy contento: en unos días se presentarían en su casa unas diez personas que deseaban saber noticias sobre la fórmula que ya empezaba a ser conocida por los habitantes del pueblo y que si él no tenía ningún inconveniente se llevaría a cabo.

- Por supuesto que no, faltaría más, es mi deseo más ferviente que esto se realice, vengan cuando quieran, les esperaré con los brazos abiertos. A propósito, ¿qué tal la prueba de la fórmula?, como no me ha comentado nada, es la razón de preguntárselo, ya que me interesa saberlo.

- Muy bien, estoy aquí y creo que es una buena respuesta, ya que de otra forma no hubiera aparecido.

- Gracias amigo mío.

Y todo sucedió como estaba previsto: la reunión se celebró en un tono de total armonía. Les explicó "por encima y a grandes rasgos" el contenido de la fórmula y como la llevaba a cabo. Algunos reacios no creyeron demasiado en las palabras de Salvador, otros, por completo se ajustaron a lo expuesto, pero todos lo probaron. ¡Había sido un triunfo grandioso!.

Antes de que se marcharan solicitó de los presentes un ayudante para llevar a cabo la puesta en marcha de la realización de la fórmula para su utilización y darla más a conocer, proponiendo a la persona que se prestara a ello, obtener ésta cuando él dejara este mundo, que deseaba y esperaba, por supuesto, fuera cuanto más tarde mejor.

Entre los asistentes se formaron corrillos y de ellos salió una persona, el señor que llevó a los presentes en casa de Salvador.

El dueño de la casa quedó convencido de su nuevo ayudante y ya, sin perder más tiempo, cuando se hubieron marchado las demás personas, le puso al corriente de algunas cosas, no de todas, claro está, era demasiado pronto para ello y tendría que comprobar poco a poco la evolución de su colaborador. Se instalarían en el sótano, con la luz recién instalada, era el sitio perfecto para reanudar la puesta en marcha de su famosa fórmula para conseguir la felicidad y así el piso de arriba quedaría más libre.

El nuevo ayudante no defraudó, al contrario fue un perfecto y buen colaborador. Se llamaba Pedro. Pasaron ratos agradables y disfrutaba escuchando las curiosas anécdotas que Salvador le contaba de sus años mozos.

En el *"aprendiz de brujo"* el cambio producido era completo en relación con Pedro y el resto de los habitantes del pueblo también.

Había dejado de ser huraño, solitario, para convertirse en una persona abierta y deseosa de ayudar a la gente que le rodeaba, le costó mucho esfuerzo conseguirlo, pero al final lo consiguió.

Salvador aprendió una lección que nunca olvidaría: el contacto con las demás personas era lo más beneficioso surgido en su vida y esa relación continuaba siguiendo su curso.

Él solamente pretendía que todo el mundo estuviera feliz de vivir y superar los problemas de la forma más sencilla y sin medios de aprendizaje para llegar a ello, únicamente bebiendo esa especie de potingue como el *"aprendiz de brujo"* lo denominaba y que había inventado para bien de todo aquel que lo probara y con ánimo de que nadie se sintiera defraudado de ser quien era, eso era lo único que deseaba y con mucho esfuerzo lo consiguió.

Además con su conciencia no tendría problemas, era una buena consejera en el momento oportuno y consiguió llegar a lo más alto en sus decisiones.

Con el tiempo fue conocido como *"el mago que inventó la fórmula para conseguir la felicidad"* y eso le llenaba de orgullo y de agradecimiento a las personas que se prestaron a ello.

"¡Bravo muchacho, bravo!. Eres una buena persona" -habló *la conciencia.*

- Gracias a ti, pues de otra forma no hubiera superado ni la mitad, te estoy muy agradecido -dijo el *aprendiz de brujo,* bueno *"el mago",* ya había subido el escalafón- y te pido perdón por los ratos malos que hemos tenido y....

"Basta Salvador, no es para tanto y no volvamos otra vez a lo mismo, porque ya sabes que.....".

TERCER ENCUENTRO
CON EL PEZ SALTARIN, Y VIAJE
A LAS PROFUNDIDADES DEL MAR

No pasaba ni un solo día sin recordar a mi amigo el pez saltarín. Pensaba en la tranquilidad de aquellos lugares, de los que había disfrutado anteriormente y no del bullicio y ese ruido ensordecedor, habituales, de las calles de la ciudad, con sus atascos, los impacientes que pronto pierden los nervios, los cláxones sonando al unísono formando una orquesta totalmente descompensada y con un gran desvarajuste. Me tapé los oídos con las manos, lo más que pude, apretando fuerte para no escuchar ese alboroto, pero a pesar de todos mis esfuerzos fue todo en vano, el ruido seguía y seguía, cada vez más fuerte, me estaba martirizando, la cabeza la tenía embotada y a punto de estallarme, y de repente tomé una tajante decisión, sin vuelta atrás: me marcharía unos días al lugar donde residía mi amigo el pez. Descansaría o al menos estaría tranquilo y dejaría unos días de escuchar el ruido. Era incapaz de aguantar más esa mezcla alucinante que volvía loco a cualquiera. Si en esos momentos hubiera realizado una encuesta el resultado, sin lugar a dudas, se hubiera decantado a mi favor.

Mi cambio de planes repentino y deseado y sin pensar volver a modificarlo, se produjo en un abrir y cerrar de ojos, de lo cual me sentí contento y repitiéndome las mismas preguntas unas cuantas veces, ¿estaría mi amigo el pez saltarín alli?, ¿sabría que iría?, ¿lo encontraría fuera o dentro del agua?.

Mi impaciencia era grande y el deseo de volver a ese lugar aún más.

Llegué a casa totalmente agotado. El caos circulatorio me oprimía y me dejaba absolutamente fuera de lugar. Algo más relajado preparé unas cuantas cosas, lo más imprescindible. Iba a ser un viaje relámpago y, aunque corto, podría calmarme esa sensación de angustia que me estaba produciendo el soportar todo lo que sucedía en las calles de forma contínua.

Me alejé de todo lo que me rodeaba con un placer inusitado y procuraría pasar los días elegidos lo mejor posible, aprovechando al máximo todos los minutos.

Cogí el primer tren que salía para el destino elegido. Tardé unas cuantas horas, más de lo habitual, debido a una avería en los cables eléctricos, lo cual me produjo una sensación de malestar. ¿Sería lo último que me pasaría o aún tendría que superar más pruebas?. ¡Con las ganas que tenía de llegar!. Daba la sensación de que todo se estaba poniendo contra mi, era como si me hubieran echado una maldición para que no pudiera realizar mis deseos. Pero no, todo eran suposiciones mías debido al agotamiento acumulado y la tensión, ya que las cosas suceden normalmente en cualquier momento, inesperado o no. El problema quedó subsanado y el viaje prosiguió su recorrido a través de campos y pueblos. En algunos paraba, en otros no, según la ruta y la clase de tren. Todo era tan rápido que no daba ni tiempo para poder ver por dónde pasábamos.

Llegué a la estación. Bajé del tren. Le eché un último vistazo antes de que prosiguiera su marcha y puse rumbo al hotel en el que me quedaría hospedado durante los días que permaneciera en el lugar.

Una vez que entré en la habitación, dejé el maletín de fin de semana apoyado en el suelo y sin sacar nada y aprovechando la luz del día que aún quedaba me acerqué a la playa. Había una calma y una tranquilidad fuera de lo corriente, ¡eso es lo que necesitaba en esos momentos! y pensé en todas las personas que se quedaron en la ciudad, en la cual estaría yo en esos momentos a punto de consumirme, si no hubiera tenido la brillante idea de desplazarme, desde el mundanal ruido, a mi lugar preferido de la costa.

Me descalcé, dejé los zapatos en la arena y empecé a caminar, despacio, pausadamente, sintiendo en los pies el cosquilleo de la fina arena, ¡aquello era un verdadero placer!, ¡lo mejor para relajarse y olvidarse de todo!. De vez en cuando me agachaba para recoger alguna concha, que eran depositadas por las continuas olas y que estaban esparcidas a lo largo del recorrido, y las guardaba en el bolsillo del pantalón. Al llegar a una barca que permanecía entre el agua y la arena me senté, y miré hacia el horizonte y por todo el entorno donde me alcanzaba la vista y allí no vi absolutamente nada de lo que esperaba, y menos cuando entró la noche sin darme cuenta.

Regresé hacia el lugar donde coloqué los zapatos y regresé al pueblo un poco desilusionado, pero sin perder la esperanza, era ya muy tarde. Probaría suerte al día siguiente por la mañana, esperando que diera los resultados esperados.

Con estas cavilaciones, después del largo viaje, el cansancio se apoderó de mi, caí rendido a la cama y los brazos de Morfeo me acogieron plácidamente.

No puse despertador, pero me levanté pronto para poder llegar a la playa lo antes posible. Seguro que no me encontraría con nadie, a esas horas, y en esas fechas, como así sucedió. Estaba allí más solo que la una, disfrutando de la inmensidad de la playa, podía ir de un lado a otro, dejar las pisadas, volver y encontrarme la arena como permanecía cuando llegué, aquello era una auténtica maravilla, nada podía compararse.

Reanudé el paseo. Esta vez llevando los zapatos en la mano, pues no sabía lo que podía andar. El reloj no me acompañaba en esta ocasión, aunque sabía la hora que era por el enorme reloj que estaba colocado en uno de los hoteles que estaban situados a pie de playa, pero el mío el que siempre me acompañaba para mortificarme día tras día, decidí dejarlo en la habitación del hotel y no quería saber como corrían los minutos.

De vez en cuando giraba la cabeza, la dirigía hacia la arena y veía los agujeros producidos por mis pisadas que se llenaban de agua cuando las olas con sus espectaculares vaivenes salían del mar.

Seguí andando unos metros más y pasado un buen rato de la caminata matinal y en solitario, me senté en la arena esperando que se produjera la deseada aparición de mi amigo el pez saltarín que en esta ocasión se demoraba. Tampoco tenía la total seguridad de que le viera en esta ocasión.

Contemplaba la lejanía con gran placer. Se respiraba una tranquilidad tan intensa que no conocía en otros lugares en los que había estado, pero que en la playa solitaria era lo más relajante del mundo, sin comparación.

Permanecía sentado mirando a todos lados, con la cabeza en las rodillas y éstas enlazadas con las manos, cuando pude escuchar una voz que venía del mar y me dijo:

- ¡Vaya!, ¡Vaya!. Mi amigo de la tierra que ha venido a visitarme, ¿no es así?.

Al oír estas palabras me levanté rápidamente y me acerqué lo más que pude, hasta donde estaba el pez, metiendo los pies en el agua salada y fría, ya que en esta ocasión se dirigió a mi desde el agua en lugar de la arena como sucedió la otra vez. Me mojé hasta la rodilla y no seguí caminando ya que el agua estaba bastante fría y además iba vestido y contesté:

- En efecto, amigo mio, has acertado de lleno, y además debo decirte que esto si que es un recibimiento en toda regla, ¡como tiene que ser!, ni más ni menos, ¿has vuelto a adivinar que venía?, o, ¿ha sido pura casualidad simplemente?.

- De todo un poco, más bien suerte, aunque con unos ingredientes marinos todo es posible, lo que sucede es que llevo unos cuantos días subiendo a la superficie para comprobar que la tranquilidad es absoluta en lo que la vista me llega y saber si habías regresado al lugar que tanto te gusta.

- Y, ¿qué novedades han surgido desde la última vez?, ¿hay algo digno de contar?.

Playa de Almería.

- Pues no sé, según –dijo.

- Según qué? –pregunté.

- *No encuentro las palabras adecuadas para decírtelo y además creo que te parecerá una locura.*

- *Pues compartamos esa locura, venga, amigo pez, dímelo y entonces te contestaré, mientras tanto no puedo hacer nada ni responderte a lo que no sé.*

- De acuerdo, pero te advierto una cosa, diga lo que diga no me interrumpas para nada. Te lo piensas y luego me contestas, recapacita detenidamente, es una cosa muy importante para mi y espero que igualmente sea para ti, lo tengo decidido desde la última vez que me visitaste, pero no me atrevía a comentarte nada, pensando que era algo prematuro, aunque en esta ocasión ha llegado el momento.

- Vamos, déjate de preámbulos y ve al grano, como decimos los humanos, estoy en ascuas y ...

- ¡Eh!, eres un incumplidor –me interrumpió- he dicho que no me cortes para nada, pues lo tengo todo preparado, pero cosido con alfileres y como me falle algo no sabré continuar, por eso te pido, por favor, que hasta que no acabe mi discurso no emitas tu opinión, luego sobre ello tendremos una conversación y ya hablaremos de lo que tu desees, y podrás formular todas las preguntas y dudas que quieras, pero ahora no, casi te lo suplico, ¿de acuerdo?.

- Está bien, tu ganas y ante todo acepta mis disculpas.

- Aceptadas y ahora voy a explicarte de carrerilla el caso. Ponte cómodo y afina el oído y no te extrañes de nada, pero de nada de lo que escuches aunque te parezca lo más increíble que has oído en tu vida.

Con la boca cerrada siguiendo las instrucciones de mi amigo el pez, retrocedí unos pasos, los que me separaban del agua a la arena. Me senté y puse la barbilla cerca de las rodillas, era una postura en la cual me sentía con bastante comodidad y me abracé a éstas con los brazos. No pronuncié ni una sola palabra, y a pesar de que estaba intrigadísimo por lo que fuera a decirme callé y solo miraba hacia el lugar en el cual mi amigo el pez saltarín se había dirigido a mi y realizaba piruetas que me provocaban ligeras sonrisas dibujadas en la comisura de los labios, pero nada más, estaba muy impaciente por lo que con tanto misterio inició y que no había proseguido por culpa mia.

Ya sentado solo me restaba esperar. Y no fue mucho. Le observaba sin pestañear y sin perder detalle de todo lo que hacía.

El pez empezó a hablar como si lo hubiera grabado en una cinta y luego lo escuchara, pero no era así, evidentemente, estaba frente a mi y no había grabaciones por medio.

- Bueno amigo de la tierra, ahora te contaré lo que ha surgido desde tu última visita y aunque al principio no lo creerás, te parecerá rarísimo y supongo que al final tampoco, incluso te frotarás los ojos porque pensarás que estás dormido y todo es un sueño, más bien un mal sueño, pues no es así, ya lo comprobarás por ti mismo. El caso es curioso y a la vez sorprendente, te cuento: "resulta que hice un comunicado solicitando un pequeño favor al congreso de las aguas marinas, referente a ti, por supuesto, éste fue estudiado por todos sus miembros detenidamente, y al final dieron su aprobación por unanimidad ante mi total asombro, pero en parte lo esperaba. Y ahora vendrá tu pregunta, sin lugar a dudas, que te la haré yo, pues se cual es, ¿y qué tengo yo que ver con vuestras costumbres marinas?. Ahí es donde voy yo a parar, pues si, te concierne y mucho, aunque creas que no es así, es referente a mi propuesta, bastante meditada antes de formularla, y de nuevo te preguntarás, ¿qué pinto yo en una petición del fondo del mar?, pues sencillamente porque se refiere a ti.

En estos momentos me levanté del suelo como una bala y me dirijí de nuevo al agua, mirando a mi amigo, pero no dije nada, estaba perplejo y anonadado, ¿estaría soñando?, ¿estaría aún más loco de lo que pensaba que estaba?, no sólo hablaba ya con un pez, sino que encima me incluían en sus asuntos internos, ¡eso era ya demasiado!, no podía soportarlo. Los ruidos de la ciudad me habían vuelto tarumba, estaba trastornado, esta situación era absolutamente irreal.

Volvió el pez saltarín con su plática, pero me quedé de pie, ya no volví a sentarme en la arena.

- Sabía que tu reacción sería inesperada, ya que se te ha quedado una cara muy pálida, y eso que aún no sabes de que se trata.

Volví a impacientarme ante estas últimas palabras, por esa razón me puse las manos detrás y anduve unos pasos, para luego volver tras ellos y pararme en el mismo lugar donde tenía enfrente a mi amigo el pez saltarín.

- Tranquilízate hombre, los humanos tenéis unas reacciones muy raras, pues sin saber de que va un asunto os ponéis nerviosos, rápidamente, sin dejar acabar lo empezado, de esa forma no se puede opinar, al no saber de que va, ¿no es así?.

- De acuerdo, tienes razón –dije cabizbajo- continúa y discúlpame otra vez por haberte interrumpido, pero no era mi intención, ha surgido así sin pensarlo mucho.

- Está bien, está bien, en esta ocasión que pase, pero no vuelvas a hacerlo, aunque te haga preguntas hasta el final no opines, porque de otra forma me sumergiré a mi mundo y no te contaré nada más, ¿entiendes?.

Contesté afirmativamente con la cabeza sin mediar palabra, la boca herméticamente cerrada después del rapapolvo que me había echado cualquiera hablaba y volví a sentarme en el suelo, ahora con las piernas estiradas y las manos apoyadas en la arena, algo más relajado, pero sin bajar la guardia, después del momento de excitación que me invadió al escuchar sus palabras y solo me quedaba esperar que éste prosiguiera y me sacara de dudas y que de una vez por todas me contara eso tan importante que tenía que decirme.

- Sin más preámbulos voy a ir ya directamente al grano, según vuestras palabras y por favor, sin interrupciones. Mi súplica, o como quieras llamarlo, es un acto de agradecimiento hacia ti, por demostrarme tu amistad de forma desinteresada, y por esa misma razón he pedido ser tu guía y mostrarte nuestro mundo cuando lo creas oportuno, tu debes decidir, a partir de ahora estoy a tu disposición y si deseas sumergirte lo haremos juntos. Medítalo y dame una respuesta cuando estés preparado. A partir de ahora ya puedes hablar y dar tu opinión y contestar a mis preguntas con la decisión tomada.

Ahora si que me había quedado mudo del todo, no podía articular palabra, no podía volver en si. Se me había paralizado todo el cuerpo y mi amigo esperaba una respuesta o al menos alguna señal, pero era totalmente imposible, me superaban esas palabras.

Y entonces ante mi silencio él continuó:

- Creo que lo más razonable y lo mejor es que tu vengas a mi mundo que yo vaya al tuyo, pues un pez por la tierra es imposible, no aguantaría ni un minuto. En cambio los humanos podéis sumergiros con oxígeno y todo el instrumental que llevan los buzos para comprobar que el fondo del mar es un mundo aparte, increíble y único. ¡Qué te voy a contar yo, todo bueno!. ¿Qué piensas acerca de mi propuesta?. Interesante e inesperada, ¿no?, pero muy atrayente, al menos a mi me lo parecería si alguien mi hiciera esa indicación.

- Así de sopetón me ha sentado como un jarro de agua fría que me hubiera echado por encima de la cabeza –dije titubeando. Pero tendré que pensarlo, ¡déjame esta noche y mañana te diré algo concreto, ¿de acuerdo?. Es una decisión muy importante y extraña y merece una reflexión meditada y estudiada.

- Perfectamente, apruebo tu decisión, aunque te haré una observación: los que vivís en la tierra os tomáis las preguntas muy a pecho y no contestáis al instante, ¿eso es normal entre los humanos?.

- Realmente asi es, es que a veces tomamos algunas decisiones tan trascendentales que una respuesta a un tema concreto, requiere un estudio previo antes de aceptar o no algo, de todas formas, ¿cómo sabes que nosotros tardamos en contestar en ocasiones?, ¿has tenido otras experiencias con humanos?.

- Te respondo: no hay antecedentes, eres tu el primero, el privilegiado, estate tranquilo, lo he dicho por decirlo simplemente, sin más razones; de todas formas actúa como lo haces habitualmente, aquí nos veremos mañana para saber tu decisión, ahora me sumerjo, pues requieren de mi presencia, mi plazo finaliza, ¡qué descanses!.

- Lo mismo te deseo a ti –contesté-. Recogí los zapatos y me puse a andar en dirección al pueblo. Ya en mi habitación, tumbado encima de la cama pensé:

"Esto es absurdo, estoy loco de atar, no solo por el hecho de dialogar con un pez que habla, y que debo ser el único que lo hace, sino por la propuesta que me ha hecho de introducirme en su mundo, ¡en mi vida no me había pasado nunca nada parecido!, pero estoy metido en este lío hasta el cuello y no puedo retroceder, soy un hombre de palabra, y no sería honesto por mi parte responder negativamente después de que mi amigo se ha preocupado de organizar todo este tinglado. Yo solo me he buscado este embrollo y todo lo que me pase es consecuencia de esa cabezonería que me caracteriza y mi continua insistencia por salir de la ciudad y acudir a este lugar tan tranquilo y sosegado. No se en que va a quedar el asunto, estoy entre la espada y la pared, ¿por cual de las dos alternativas optaré?, ¿seguir y comprobar lo que mi amigo el pez va a mostrarme?, ¿marcharme y quedar con la duda de lo que hubiera visto y ser un mal queda y darle plantón?, que no estaría nada bien por otra parte hacer esto. Unicamente yo puedo contestar a estas cuestiones, por lo tanto lo consultaré con la almohada esta noche y a esperar resultados mañana por la mañana. La decisión que tome, sea la adecuada o no, solo depende de mi".

Pensaba en voz alta:

"Me estoy volviendo completamente loco, hablo solo, me pregunto, me contesto a mi mismo, esto es un laberinto. No se qué solución encontraré a todo este lío que yo he iniciado".

Me metí en la cama siguiendo con esas cavilaciones, sin respuesta, que me producían un desasosiego fuera de lo corriente. La cabeza me estallaría de un momento a otro, pero no podía hacer otra cosa nada más que descansar para tener la mente despejada y tumbado contemplando el techo cerré los ojos y con el calorcillo de la ropa pasé a formar parte del mundo de Morfeo, olvidando por completo todas las preguntas sin respuesta que tendría que solucionar al día siguiente.

Los rayos del sol, que entraban a través de las rendijas de la persiana, me dieron en pleno rostro, lo cual me produjo un malestar debido al estado de sopor en el que me encontraba, y más recién levantado sienta fatal pero ese fue el motivo principal para que saltara de la cama y de pronto me quedé paralizado y de nuevo volvieron a surgir esas preguntas que me estaban abotonando el cerebro, ¿qué es lo que voy a hacer?, ¿dónde encuentro ahora un traje de buzo en el caso de que decida sumergirme en las profundidades marinas?. Todas quedaron sin respuesta, estaba solo en todos los aspectos, pero reflexionando detenidamente debe ser estupendo, fantástico, único, alucinante contemplar los misterios del mar y mostrado por los habitantes marinos de las profundidades. Eso no le pasa a todo el mundo evidentemente.

Antes de continuar con las preguntas sin respuesta iré a hablar con mi amigo el pez saltarín, le diré los inconvenientes de esta aventura tan arriesgada propuesta por él y si tiene una

Atardecer sobre el mar. Las Palmas.

solución, que yo no encuentro por muchas vueltas que le he dado durante la noche, pues mucho mejor, sin duda él sabrá sacarme del atolladero, y va a ser ahora mismo, sin perder más tiempo, me quedan solamente dos días de permanencia en el lugar para volver de nuevo a la urbe ruidosa, en una palabra, a la vida cotidiana, y aunque no me hace ninguna gracia, no tengo otro remedio, la vida es así y para vivir hay que trabajar y soportar cargas que a veces se hacen pesadas pero que se van superando poco a poco con otros alicientes que la vida nos ofrece, como en este caso los encuentros con mi amigo el pez.

Me vestí y volví a la playa, pero antes de nada pregunté en recepción sobre alquileres de trajes de buzo y me miraron de una forma que no se necesitaban palabras, me tomarían por loco y si realmente eso es lo que era, ¿de qué me extrañaba?.

Regresé a la playa, al punto de encuentro habitual, sin tener nada claro sobre la decisión a tomar. Me senté en la arena esperando a que hiciera acto de presencia el pez de las profundidades, lo cual no tardó mucho en producirse. Llevaba como media hora tumbado y con las manos detrás de la cabeza entrelazadas cuando mi amigo el pez saltarín se presentó haciendo sus características y bonitas piruetas que desde el primer día que le conocí me llamaron la atención, pero en esos momentos no estaba para esa clase de diversiones, me preocupaba mucho más la propuesta de mi amigo marino y no ponía el mínimo interés en mirarle, en esta ocasión no me apetecía ni verlo, el interés anterior se había desvanecido. Al darse cuenta de que no le hacía caso paró de ejecutar los saltos y me dijo:

- Está bien, no seguiré. Parece que ya no te gusta, como antes, lo que hago solo para ti y eso querido amigo me apena mucho.

- No es eso amigo pez, es que estoy muy preocupado desde ayer cuando me dijiste lo de la visita a las profundidades. He dormido fatal, y aún no tengo una respuesta para darte, a no ser que tu me ayudes en la decisión o me aconsejes sobre lo que debo hacer, no tengo ni la menor idea de que decisión tomar.

- Procuraré sacarte de dudas. Pero el tema no es tal motivo de preocupación al que tu estás intentando llegar traspasando la barrera que tu mismo has hecho. La cosa no tiene la menor importancia. Si quieres conocer mi mundo solo debes decírmelo y nos sumergiremos. Si por el contrario no lo deseas o el miedo te impide reaccionar, que es un factor bastante importante a tener en cuenta y creo que es el que en estos momentos te embarga, lo dejamos y asunto concluido, no pasa absolutamente nada. Y no le des tantas vueltas y quedaté tranquilo, que no es para tanto, ¿de acuerdo?.

- Bien amigo pez, y ¿cuánto duraría esa visita?, pues solamente me restan dos días de estar en este precioso lugar y al final de ellos debo volver a la rutina. No tengo más remedio que regresar.

- Tiene una fácil solución: todo lo que tu quieras que dure, ni más ni menos.

- Y ¿cuándo empezaríamos?.

- Ahora mismo si quieres, para qué esperar más.

- *¡Un momento!, ¡Un momento!, pero si no tengo traje adecuado para sumergirme. No he encontrado y además me han tomado por loco al preguntar si los alquilaban.*

- ¡Ah! Te he pillado sobre tu decisión. Si has estado preguntando por trajes es señal de que tenías pensado entrar en mi mundo. Eres un poco mentirosillo.

- Bueno, como decimos en la tierra, son mentiras piadosas que se pueden decir sin herir a nadie.

- Me parece bien la aclaración, pero no te hace falta ningún traje, con la imaginación se puede conseguir cosas maravillosas y estupendas, ¿no me ves a mi?, pues exactamente igual.

- A pesar de tus palabras todavía estoy un poco indeciso sobre lo que pueda suceder, pero me arriesgaré y sea lo que Dios quiera.

- Amigo humano, con tensión es mejor que no me acompañes. No disfrutarías. Debes hacerlo libremente y por tu propia voluntad y por que te apetezca. Con los músculos agarrotados no podrías flotar en las profundidades del mar.

- Los nervios se están apoderando de mi poco a poco. ¿Y si me ahogo?.

- ¿Eso es lo que te tiene tan preocupado?, vamos hombre, haberlo dicho antes. No debes temer nada referente a eso. Yo te solucionaré ese problema que para ti es tan grande y que al contrario para mi es de lo más insignificante.

Hubo unos instantes en que solo se escuchaban las olas llegando a la orilla y abandonando las conchas provenientes del interior y después hablé:

- Ya lo he pensado, te acompañaré y con todas las consecuencias que esta aventura conlleve.

- Me alegro mucho amigo de la tierra por la decisión que has tomado, ¡te ha llevado un tiempo decidirte!, ya creía que ibas a decepcionarme. Vamos acércate y nos internaremos y empezarás a disfrutar de un mundo mágico y único y recuerda que eres un privilegiado.

Me levanté de la arena, no de muy buena gana, aún no estaba del todo convencido de la decisión que había tomado, pero había dado mi palabra y tendría que cumplirla. Era un caballero que siempre cumple lo dicho, esa caballerosidad podría acarrearme consecuencias imprevisibles e inesperadas.

Anduve los pocos pasos que me separaban del agua. No me quité ni siquiera los zapatos. Con los nervios ni recordé que los llevaba puestos, y cuando el líquido salado me llegaba más arriba de la cintura dudé entre seguir o retroceder, pero no, continué avanzando a pesar de la indecisión y al cabo de escasos segundos ya no vi nada pues estaba dentro del incógnito y desconocido mar, cuyo interior, se supone, que iba a conocer en escasos instantes. Sentía una mezcla de atracción y placer al mismo tiempo que me daba pánico, pero ya no había vuelta atrás, estaba embarcado en esta aventura descabellada y mi vida, pasara lo que pasara, cambiaría, de eso no tenía la menor duda.

Todo estaba confuso en mi mente. Solo veía remolinos que me llevaban de un lado para otro moviéndome como una pirindola. No venía a mi amigo el pez y eso me preocupaba, pues en aquel lugar tan distinto únicamente estaba yo y en aquella situación había perdido la esperanza de continuar en el mundo de los vivos y estaría formando parte de otro más lejano y desconocido: el de los muertos. Pero, si los muertos no hablan, ¿por qué lo hago yo?. Y me muevo, no puede ser.

De pronto el movimiento cesó bruscamente y todo quedó parado, incluido yo, estaba seco y no había agua. ¡qué extraño!. me pregunté, pero como no me acompañaba nadie me guardé las palabras en mi interior.

Allí permanecía como un pasmarote, mirando a derecha e izquierda buscando algún signo de supervivencia, lo cual no encontré. La llegada a ese lugar fue tan accidentada que la cabeza me daba muchas vueltas y tardé un tiempo en reaccionar.

Hasta pasado un buen rato no me di cuenta de donde me encontraba: era una vivienda, muy distinta a lo visto en otras ocasiones. Estaba como flotando y poco después comprobé que fuera de ella nadaban peces de todos los colores y de clases diferentes. Era precioso. A través de los cristales pude apreciar toda la belleza que ante mis ojos se ofrecía. Seguía solo, lo cual en esos momentos no me importaba en absoluto, me había hecho al ambiente en cuestión de minutos y al tener tantas cosas que curiosear, que ni tiempo para parpadear.

Se veían cosas extrañas para mi, nunca vistas que llamaban la atención y que me tenían en un estado de total absorción y por fuera la gran gama de colores que portaban los peces me hicieron acercarme hasta pegar mi nariz en los cristales. Estos no se empañaron y a través de ellos vi como revoloteaban por las aguas haciendo verdaderas maravillas con sus diminutos cuerpos que me atraían a mirar más y más. Iba de un lado para otro sin perder un solo detalle. En una de las ocasiones que me disponía a volver a mirar me llevé un susto tremendo cuando un tiburón dio un fuerte aletazo sobre el cristal, pero éste ni siquiera vibró y volví a asombrarme de lo que pasaba en las profundidades, porque era de suponer que estaba en lo más oculto del mar.

Desistí de mi observación, algo cansado, y me senté en una especie de concha gigante que estaba colocada en el suelo rugoso. Al poco tiempo empezó a moverse, lo que me hizo asustarme en primer lugar y levantarme rápidamente en segundo, aunque las dos cosas fueron al unísono, perduró lo primero, pues el susto fue tremendo. Nada más levantarme la concha se abrió de repente y pasados unos minutos se cerró de nuevo.

¡Qué cosas tan raras pasan aquí!, claro todo esto es nuevo para mi. De todas formas no se puede decir que todos los días baje a echar un vistazo a estos lugares tan apartados de la civilización y de la forma de llegar hasta aquí ni lo recuerdo, por lo tanto no se porque me extraño, las novedades son así con incógnita incorporada.

Después del susto ya no volví a sentarme en nada que hubiera por allí sin saber lo que era en realidad, por si acaso surgía alguna otra sorpresita inesperada. Me puse a pasear de un lado para otro, indeciso, sin saber qué hacer y no tocaba nada de lo que se encontraba en el lugar, ya que podría cobrar vida y me llevaría una gran sorpresa.

Llegó un momento en el cual estaba tan cansado de no hacer nada que daba vueltas y también la paciencia se me estaba acabando. Ésta tiene un límite y le faltaba poco para llegar a tocar fondo. Y mi amigo el pez saltarín no aparecía por ningún lado.

Caminaba con las manos puestas por detrás. De vez en cuando me arreglaba el pelo con cualquiera de ellas, introducía los manos en los bolsillos del pantalón, pero de nuevo llegaba al punto de partida: la desesperación.

Busqué salidas o alguna puerta y no encontré nada, como era de esperar. Todo estaba herméticamente cerrado, y si era así, ¿cómo había entrado?. No lo comprendía y mi amigo seguía sin aparecer por ningún lado. Y si le llamo, ¿vendrá?. ¡Y para qué!, ni lo intento, no merece la pena, él ya sabe que estoy aquí y si no hace acto de presencia tendrá sus buenas razones, que espero me diga cuando aparezca, si es que lo hace, porque por ahora esto no tiene mucha pinta de realizarse.

Volví a mi paseo corto. La habitación no daba para hacerlo demasiado extenso. Me la recorrí unas cuantas veces más. De repente me paré al ver a través del cristal a mi amigo el pez saltarín y pude escucharle como si no hubiera obstáculos que nos separaran. De nuevo otra sorpresa, ya llevaba unas cuantas, pero todas iban a parar al mismo sitio: el cristal.

- ¿Qué tal amigo de la tierra?. ¿Cómo te encuentras?.

- ¿ Tu que crees amigo?.

- *A decir verdad, por la cara de asombro que tienes, deduzco que no estás demasiado contento de haber seguido mis consejos y estar en estos momentos en el lugar en el que te hayas.*

- ¡Premio!. Lo has adivinado, eres un pez muy listo y estoy ya cansado de permanecer en esta especie de cárcel marina, de la que, por cierto, no puedo salir y aún no me explico como he podido entrar, claro que con tantos trucos por tu parte, pienso que eres el culpable de todo este tinglado que has montado, creo que para impresionarme y a decirte verdad lo has conseguido, de eso no te quepa la menor duda.

- Hombre de poca fe. Siento mucho que estés tan enfadado conmigo amigo mío, pero no podía hacerlo de forma distinta, son nuestras reglas y debo cumplirlas, pero te disculpo por tu mal genio, aunque nunca comprenderé las reacciones humanas, pues os alteráis por lo más mínimo y en cuanto os dicen algunas palabras que no son del agrado del que las escucha ya estáis enfadados y enseguida soltáis frases en tono despectivo y malsonantes y eleváis el tono de voz muchísimo, pero en esta ocasión creo que llego a entenderlo, te he dejado solo más tiempo de lo estipulado, pero no he podido hacer otra cosa, los trámites se han demorado algo más, pero ya estoy contigo.

- Está bien amigo pez, acepto tus disculpas y en este caso al que haces alusión tienes toda la razón, pero lo que quiero saber es lo que hago aquí encerrado y tu desde fuera me hablas como si estuviéramos juntos. ¿Me lo puedes explicar, por favor?.

- De acuerdo, de acuerdo, como desees, eres mi invitado, un invitado muy especial, ¿no es así?.

- Vaya forma tan original de tratarlos que demuestras.

- Distinto a los de la tierra tiene que ser en todos lo sentidos. ¡no me digas que no!. En algo se debe diferenciar un mundo de otro.

- Vale, de acuerdo, pero continúa y no te desvíes de la conversación.

- *Todo esto estaba preparado de antemano, aquí se cumplen las reglas, como te he dicho antes, a rajatabla, y no se tienen miramientos hacia los miembros que se salen de ellas y una de las condiciones que me impusieron cuando les dije que te iba a traer era esta: permanecer solo en esta especie de cárcel, como tu bien dices, herméticamente cerrada y en la cual solo hay un punto clave para salir de ella, a su tiempo te lo diré, no seas impaciente, hay que seguir todos los trámites paso a paso.*

- Amigo pez, me adapto a vuestras costumbres, ¿tengo alguna otra posibilidad?, supongo que no, pero ante la espera, que aún no se lo que se prolongará, quiero saber otra cosa: si voy a permanecer mucho más tiempo aquí, dime al menos en que lugar me puedo sentar, pues todo está lleno de sorpresas y sobresaltos y creo que ya está bien de tanto misterio, ¿no?.

- De acuerdo, escúchame con atención, detrás de ti hay un caracol gigante, que en este preciso momento está totalmente oculto en su concha. Siéntate sin miedo que no te va a asustar. Y si saca los cuernos, no temas, es inofensivo, a pesar de su tamaño y no te atacará y hazme caso no sufras más, el tiempo es corto, y dentro de poco estará todo solucionado, solamente quedan unos pequeños retoques y unos asuntillos que resolver y luego me ocuparé por entero a ti. Adiós.

Diciendo estas palabras desapareció de mi vista . Miré buscando al caracol indicado, pero éste se había movido de lugar y no le veía, pero dando un pequeño rodeo lo encontré.

Me acerqué sigilosamente, con mucha precaución, y me senté en su concha, no era muy cómodo para ser sincero, pero al menos reposaría un rato después de dar tantas vueltas en el pequeño cuarto en el que me hallaba y haber superado unos cuantos sobresaltos tanto dentro como fuera.

Llevaba un tiempo, sin precisar cuanto, en esa posición, unas veces cruzando las piernas, otras estiradas, en una palabra, matando los minutos de la mejor manera posible, si al menos tuviera un libro, hubiera sido otra cosa y la espera no se hubiese prolongado tanto.

Empecé a sentir un ligero movimiento en el trasero que me produjo una sensación un poco desagradable y que me obligó a levantarme rápidamente y decir unas breves palabras:

- ¡Por favor!, ¡otra vez no"!. ¡Ya está bien!.

El caracol al que utilizaba como asiento, el cual no era demasiado cómodo, inició unos ligeros cambios de situación y asomaron a través de la concha sus cuernos, en una especie de relajamiento para él y de malestar para mi. Una vez en el exterior, habló ante mi asombro y eso que ya no podría extrañarme nada oír hablar a los animales, de cualquier especie, lo llevaba haciendo durante cierto tiempo y formaba parte de mi actual convivencia con ellos.

- Lo siento amigo, pero es mi hora y debo hacerlo.

- Hacer, ¿qué? —le pregunté.

- Sacar mis cuernos, deben salir para que se habitúen al exterior, y, a pesar de que aquí no hay ese sol tan agradable que hay en la tierra, y del que me han contado verdaderas maravillas, nos debemos conformar con lo que tenemos y aprovechar lo que podamos sin un mínimo de desperdicio, por eso mismo si te he molestado por esta situación, te pido mis disculpas.

- No tienes nada de que disculparte caracol, estás en tu perfecto derecho y no me tienes que dar explicaciones sobre lo que haces o no, es tu mundo, yo soy un intruso y por lo tanto debes reaccionar partiendo de la base de que es tu vida y como tal actúa, ni más ni menos.

- Gracias humano, no sabes como te lo agradezco, me quitas un peso de encima, y lo digo sin doble intención.

- No hay por qué darlas, amigo caracol, porqué podré llamarte amigo, ¿verdad?.

- Sin duda todos somos amigos, todos somos criaturas de Dios y debemos ayudarnos en lo que podamos sin pedir favor a cambio de ello, ¿no es así como lo hacéis los de la tierra?.

Ante esta pregunta tan inesperada y a la vez complicada, tosí un poco antes de contestar, lo cual hice pasados unos minutos.

- Según, desde el punto de vista que se mire, las reacciones de los humanos son tan cambiantes que nunca sabes como van a acabar, por supuesto que yo también me incluyo, y eso que intento superarlo, pero resulta difícil, ya que es un defecto muy corriente y con bastantes matices para subsanarlo, aunque se tengan todos los medios para alcanzarlo, y por esa misma razón no se utilizan, y es una verdadera pena.

- Por la manera tan convincente que demuestras en tu conversación, creo que tu no estás incluido en el grupo, a pesar de tu tajante confirmación.

- Gracias por tu confianza, pero no es así, aunque me cueste decirlo.

Diciendo estas palabras el caracol empezó a ocultar los cuernos en su concha y no me dio tiempo para preguntarle nada. En pocos segundos habían desaparecido de mi vista y se habían metido dentro de su caparazón y de nuevo volví a sentarme encima de él, siguiendo los consejos de mi amigo el pez y del propio caracol.

Tuve que esperar poco tiempo, ya que de nuevo pude ver al pez a través del cristal. Me levanté rápidamente, como si el mismo caracol lo hubiera hecho por medio de un impulso, me acerqué y entonces habló:

- Amigo de la tierra, ya está todo arreglado. Podemos iniciar el viaje por mi mundo, como te prometí en el tuyo. Siento mucho la espera que has tenido que soportar, pero no había otro remedio, y por fin ya llegó, todo tiene su término aunque en ocasiones parezca que no va a finalizar nunca y de la sensación de que va a durar una eternidad.

- ¿Y yo que debo hacer ahora? –pregunté con una gran curiosidad.

- Te lo diré mediante el cristal que tanto misterio tiene para ti y tantas preguntas te ha generado. Es especial, aunque lo supondrás, y muy apreciado por todos los habitantes de las profundidades. Se va formando por las distintas turbulencias que con el paso de los años se producen por estos lares, no tiene otro significado digno de mención, pero tu eres el primer humano que lo ha podido apreciar en su interior. Ser el primero es un privilegio. ¿No sucede lo mismo en la tierra?. Ser el número uno es muy importante para que el que llega a la meta salvando todos los obstáculos que se le ponen por delante

- Eso es verdad. Todo el mundo lucha por estar arriba, ser el primero, pero solo unos pocos son los que lo consiguen y ahora mismo estoy muy contento de haber llegado aquí, sin demasiado esfuerzo esa es la verdad, pero lo que cuenta al final es estar en el lugar indicado el día deseado.

- Después lo podrás ver por fuera. Es una absoluta maravilla, qué te voy a decir yo, todo adjetivos positivos y agradables. Y a la pregunta: ¿porqué se puede oír por medio de él?, que desde que llegaste esperas respuesta, pues también es fruto de la naturaleza que nos ofrece diversidad de maneras de poder apreciar bellezas inimaginables y absolutas en todos los aspectos, y que no se puede explicar, es difícil dar con las palabras adecuadas. Eso te lo dejo para después, si es que encuentras la manera de definirlo.

- Te agradezco esta pequeña introducción en base a mis preguntas amigo pez, no sabes que sensación de alivio se experimenta, y como decimos los de la tierra, ¡me has quitado un peso de encima!.

- Me alegro que estés un poco más animado pues la vez anterior que hablé contigo estabas un poco alterado, tu sistema nervioso parecía que iba a estallar de un momento a otro, pero no sucederá nada, no te preocupes, desde que has entrado en las profundidades del mar te has convertido en un ser inmune a cualquier efecto extraño que pueda perjudicarte. Ten la completa seguridad de que tu permanencia en el mar será lo más amena y entretenida posible. Te lo aseguro. Te doy mi palabra de pez y yo siempre cumplo lo que digo.

- Te doy las gracias de manera contundente y de corazón, sobre las palabras tan alentadoras que me acabas de decir, pero necesito salir de aquí, no porque esté mal, a decirte verdad me estoy acostumbrando a este ambiente cerrado y con compañía, de vez en cuando, pero mi curiosidad de ver cosas nuevas me obliga a insistirte, otra vez, que quiero y necesito reunirme contigo fuera y contemplar todas las bellezas que la madre naturaleza ha puesto a disposición de quien las quiera ver y yo me encuentro en ese grupo de privilegiados.

- Está bien, como quieras, también yo tengo ganas de empezar a enseñarte cosas y lugares que nunca te habrías imaginado, ni siquiera en los sueños más extraños e inverosímiles, que te llamarán la atención y te dejarán con la boca abierta. Te quedarás mudo de asombro y no sabrás como reaccionar ante ellas. Pero basta de más información al respecto con meras palabras y sal de tu agujero improvisado en el cual has estado este tiempo y comprueba por ti mismo todo lo que te acabo de decir.

Finalizadas las mismas, una especie de grieta empezó a abrirse de forma pausada y dejó al descubierto el espacio justo para que pudiera salir al exterior, lo cual hice de forma apresurada y sin perder tiempo, ya que se inició el cierre inesperadamente. Fue todo en un abrir y cerrar de ojos.

Y, ¡por fin!, ¡estaba fuera!. ¡flotaba!, iba vestido en su totalidad y a mi lado estaba mi amigo el pez saltarín, que empezó a hacer unas bellas piruetas que me recordaban las primeras que realizó cuando yo estaba en la playa descansando del ajetreo de la ciudad, en las dos ocasiones anteriores y que me obligó a sonreír ante ese recuerdo tan grato.

Seguimos avanzando entremezclados por una gran variedad de peces multicolores. Estaba anonadado. No podía pronunciar palabra alguna, no por el efecto del agua, ya que en ese aspecto era inmune, no me mojaba y podía hablar sin temor a que el agua pudiera ahogarme, era simplemente por la gran cantidad de bellezas que en mi vida podría haberme imaginado, las tenía delante de mi, pasaba por su lado, de vez en cuando me frotaba los ojos para comprobarlo, pero al volverlos a abrir continuaba viendo las mismas cosas, y otras diferentes. No podía dar crédito. Miré el reloj y marcaba la misma hora que cuando me sumergí, lo cual me extrañó, pero antes de decir nada el pez, que estaba pendiente de mis reacciones, habló:

- Tranquilo hombre, eso es normal, todo en ti está parado aunque te parezca lo contrario y extraño, y no te preocupes por nada que todo va sobre ruedas, aunque aquí no tengamos carreteras.

De pronto y según avanzábamos llegó hasta nuestro lado una gran cantidad de peces, un gran banco, que nos hizo retroceder debido a la fuerza que llevaban. Uno de ellos se quedó prácticamente pegado a mi nariz y me asombré pues con sus grandes ojos me miraba, no reaccioné, no podía y no sabía qué hacer en ese momento, sólo me restaba esperar y es lo que hice. Cuando se cansó regresó con los demás y continuamos el recorrido hasta llegar a una gruta en cuya entrada existían algas enormes que se movían acompasadamente con el movimiento de las aguas y de los animales que por allí pasaban. Entramos dentro y entonces puse los pies en el suelo. Sentí un ligero hormigueo en la planta. Mi amigo el pez saltarín permaneció flotando, era claro, ¡no podía hacer otra cosa!.

- ¿Y ahora qué? –pregunté.

- Pues te mostraré más bellezas, si tu lo deseas, que espero que así sea, pues ese es el motivo de estar aquí acompañándome en este maravilloso lugar, tranquilo, sin prisas, sin relojes que he comprobado que es vuestra preocupación principal, el horario, debe ser un sufrimiento.

- Tu mismo lo has dicho, has dado en la diana con la palabra justa: sufrimiento y no sabes como. No te puedes hacer una ligera idea por mucho que yo te lo diga, es totalmente inexplicable. Y hablando de otra cosas, necesito hacerte una pregunta en la cual solo se necesita una respuesta si o no, ¿existen las sirenas?.

Se quedó pensativo y luego habló:

- Bueno, por ser tu aumentaré la respuesta. Te diré que esos seres tan maravillosos no han formado parte del planeta nunca, son seres mitológicos convertidos en especie de diosas, pero como se ha hablado tanto de su existencia a través de los tiempos, llega un momento en que dudas entre la realidad y la fantasía, de todas formas si a lo largo del recorrido ves alguna no dudes en ponerme al corriente, me gustaría verlas.

- Y a mi, por supuesto, pero después de tu concisa y breve explicación no creo que lleguemos a esa visión que, por cierto, sería todo un espectáculo digno de verse. Por la televisión he visto algún fragmento de cómo podrían ser y te diré simplemente que son únicas y sería muy bonito que existieran y poder estar con ellas como estoy contigo ahora. Sería un auténtico sueño.

- Basta de más pláticas y vuelve a la realidad, bueno una realidad relativa, sin lugar a dudas, ¿me entiendes, no?, pero es que esta conversación sobre las sirenas te está absorbiendo el cerebro, eso de ser féminas es atrayente, ¿no es verdad?.

- Por supuesto, pero aquí no tengo nada que hacer.

- Y en la tierra, ¿cómo llevas eso del amor?.

- Amigo pez, ese es un tema sobre el cual no hablo nunca, ni con conocidos, ni con extraños. Lo encuentro un poco desfasado. Llega de repente y no te enteras hasta que ya estás embarcado en esa aventura amorosa.

- Me gustaría que alguna vez me presentaras a tu mujer, cuando te hayas casado, pero no va a ser posible, pues ....

Diciendo estas palabras se paró de repente y se puso a nadar delante de mi, sin hacer las características piruetas.

- Pues, ¿qué? —dije yo-. Porqué te has parado de repente y no has acabado lo que me ibas a decir?.

- No puedo, lo siento, al final del viaje te pondré al corriente de todo, antes me es imposible, son las normas, ya sabes, aquí las acatamos a rajatabla.

- No insisto más sobre el cumplimiento de tus normas, tus razones tendrás y me esperaré a la finalización de este alucinante encuentro marino para saber algunas cosas que ahora, por lo que acabas de decir, no puedo y en cierta manera no debo saber.

- Agradezco tu comprensión amigo de la tierra, eso si que son amigos, la confianza es mutua y sin más preámbulos continuemos con el recorrido, que aún quedan bellezas por descubrir para deleite de tus sentidos.

Dentro de la gruta me sentí bastante aliviado, permanecía con los pies en el suelo y avanzaba a través de él andando. El pez revoloteaba a mi alrededor, era un guía perfecto, no tenía ningún motivo de queja. Nos adentramos, aún más profundo, continuando dentro de la gruta. De vez en cuando volvía a nadar. En una ocasión que fui a poner los pies sobre el suelo cansado de nadar, se levantó una gran polvareda, caí de espaldas, pero al hacerlo a cámara lenta, debido a la fuerte presión existente en el lugar no me hice nada de daño. Según me explicó el pez era una manta que estaba oculta entre la arena y que al pisar se había levantado y salió casi de estampida, produciendo mi caída espectacular, pero salí ileso, eso si, el susto no me lo quitó nadie.

- No te preocupes –dijo el pez- sorpresas como esta te llevarás unas cuantas, por supuesto. Aquí hay muchas clases de peces, unos grandes, otros pequeños, pero en cantidad: millones y millones de muchas variedades y tonalidades.

- Una pregunta rápida, quiero y deseo hacerte para estar prevenido para otras ocasiones, algo que me tiene un poco preocupado desde que llegué aquí, es referente a los animales de gran tamaño, te pongo el ejemplo del tiburón, que pienso, corrígeme si me equivoco, que es el más peligroso, al menos en la tierra se le teme, pues hace estragos por donde pasa, y es temido en todos los lugares. Supongamos que de repente y de frente nos encontramos con alguno. ¿Me atacaría?.

- En esta ocasión no. Ya te dije antes que soy un privilegiado en estas profundidades y al acompañarme ni siquiera te rozará si hay ocasión de ver alguno, pero si, es bastante temible, pues se alimenta de otros animales más pequeños que él y de eso se vale, de su fuerza, de su potencia en destruir a otros más débiles y con menos posibilidades de supervivencia y de lucha, como utilizáis vosotros: "el grande puede al chico" casi siempre y cuando sale a la superficie ataca a los humanos, sobre todo los que van en barcos pequeños o a los que se sumergen al interior.

- Y otra duda que tengo pendiente sobre el refugio provisional en el que estuve instalado hasta tu definitiva llegada es el cristal a través del cual podía contemplar verdaderas maravillas marinas y el tiburón que se lanzó con enorme potencia sobre él y éste ni siquiera mostró signos de deterioro.

- Eso amigo mortal es un secreto imposible de contar, además yo tampoco lo sé, por lo tanto, aunque quisiera no podría, son cosas inexplicables que la naturaleza ha puesto para nosotros y ni siquiera un animal fuerte como puede ser un tiburón, es capaz de llegar a su destrucción, tu mismo lo has podido comprobar con tus propios ojos, te asombrarías al verlo, ¿no?.

- Es cierto —contesté- pero, la entrada al recinto de cristal, ¿cómo se produjo?, pues la salida la pude ver, pero de repente y sin darme cuenta estaba dentro, supongo que igual pero no lo recuerdo.

- Tampoco lo se, y por esa razón no te puedo sacar de dudas. En estos momentos lo único que puedes hacer es seguir viendo las bellezas que se nos presentan y olvídate del pasado, y no pienses en nada. Y ahora vuelve a nadar, nos cundirá más.

Levanté los pies del suelo, después de mi caída tan original e inesperada y volvimos a flotar. Seguíamos en la gruta que era larguísima y no se veía el final. Llegado a un punto indeterminado mi amigo el pez saltarín se me puso frente a los ojos y habló:

- Amigo de la tierra, hemos llegado a la parte más interesante de todo el recorrido. Detrás de ese agujero negro que está

Tenerife.

justo enfrente de ti verás algo que en algunas ocasiones de tu vida te despertará sobresaltado pero que recordarás vagamente como un sueño, eso si apacible y sereno. ¿Estás preparado?.

Le dije un si rápido y sin más comentarios dejó la entrada libre. Él iba encabezando la marcha y yo detrás un poco cohibido y temeroso sin saber lo que podría encontrarme, pero confiaba en mi amigo el pez saltarín, la prueba era evidente, estaba allí.

Avanzamos hasta el lugar indicado y entramos muy despacio y antes de que se pudiera ver nada el pez me previno y para que la emoción fuera más fuerte me dijo que cerrara los ojos y los abriera cuando él me avisaba. Eso es lo que hice y a la señal de, ¡puedes abrirlos!, se despegaron los párpados y lo único que pude decir fue un ¡oh! de admiración. ¡No podía articular ninguna palabra, me quedé mudo de repente!. Ante mi encontré toda clase de animales marinos que jamás pudiera pensar que existieran y menos imaginármelo, aquello sobrepasaba los límites de la realidad. Era tanta la claridad que allí había que tuve que frotarme los ojos unas cuantas veces por el impacto surgido, aunque poco a poco fui adaptándome al ambiente, costaba bastante, pero al final lo conseguí, y con los ojos abiertos como platos y sin pestañear veía con inusitado placer la gran cantidad de especies marinas que allí se encontraban y cuyo único espectador no perteneciente al mundo del mar, era yo. No sabía donde mirar, con la cabeza para un lado y para otro, no quería perderme ningún detalle de lo que en ese lugar tan paradisíaco se podía contemplar.

- ¿Qué te parece amigo? –dijo el pez en un tono de absoluta satisfacción.

No contesté pues estaba mudo de asombro y por esa razón volvió de nuevo a insistir:

- Lo comprendo amigo de la tierra, sabía que no podrías articular palabras ante la presencia de tantas cosas maravillosas que estás contemplando a lo largo de este viaje, pero llegando a este punto, que es el lugar preferido de la mayoría de los habitantes marinos y también el final de nuestro recorrido, todo parece distinto a lo que has visto con anterioridad y que igualmente te ha asombrado, ya que no has dicho ni siquiera "esta boca es mía" y eso lo explica todo.

- Es, ¡alucinante!, ¡increíble!, absolutamente maravilloso y que no olvidaré en la vida y a ti tampoco, pues supuesto, que has sido el artífice de esta aventura marina con la que he podido disfrutar como un privilegio, gracias a la confianza puesta en mi y que te agradezco de todo corazón.

- Gracias hombre, me congratula tu felicidad, pero no es para ponerse tan melancólico. Solamente he hecho lo que mejor me ha parecido y celebro que haya tenido unos resultados tan satisfactorios, así de esa manera me anoto un punto a mi favor.

- ¿Cómo sabes tantas palabras referentes al vocabulario de la tierra?, ya que me lo estás demostrando desde que te conocí y que has aumentado aún más en tu medio habitual de vida y eso me resulta un tanto asombroso y a la vez estupendo.

- Agradezco tus amables palabras. Pero hay muchas cosas que son secretos que están herméticamente cerrados y que no se nos permite hablar sobre ellos, porque habrás comprobado que aquí en las profundidades del mar donde te encuentras en estos momentos hay muchas cosas que son difíciles de descifrar incluso para mi y más para una persona de la tierra. Pero ha sido un placer para mi acompañarte para que el recorrido fuera lo más agradable posible. Me siento muy unido a ti mediante los lazos de una amistad surgida en una playa solitaria y que nos ha conducido a mi entorno en un tiempo sin reloj y sin prisas. Espero que hayas tenido una estancia feliz entre nosotros y que recuerdes en momentos no demasiado felices éstos que has vivido en una etapa de tu vida que siempre tendrás en el pensamiento.

- Te estás poniendo triste y eso se contagia, me vas a hacer llorar, esto es un presagio de finalización, es una despedida, ¿no es así?.

- Efectivamente, estamos a un paso de dar las últimas campanadas en tu viaje y en mi cometido de haberte ayudado a lo largo del mismo.

- Pero, aún quedan cosas por ver, ¿verdad?.

- En el lugar donde te hayas ahora puedes encontrar de todo. Disfrútalo mientras quede tiempo, que no es mucho. Más tarde hablaremos sobre tu regreso al mundanal ruido y a la contaminación, como tú dices, y que no deseas volver a estar inmerso dentro de ese humo extendido por toda la ciudad tan desagradable y aunque no te guste no tienes otro remedio, y a pesar de que no estamos conformes con ello, cada uno tenemos asignado un lugar en el universo. Yo aquí, en el mar, tu allí, en la tierra, con sus pros y sus contras, con sus formas buenas y malas. Vive lo mejor mientras puedas. No desperdicies ni un segundo, sólo tenemos una vida. ¡vívela!.

- Gracias amigo pez, es lo que pretendo hacer siempre. De todas formas tus consejos tan alentadores me servirán de mucho cuando mi ánimo esté por los suelos y recordaré lo que acabas de decirme y me ayudará en etapas difíciles en diversas rachas de mi vida.

- Te devuelvo las gracias. Y ahora continuemos viendo bellezas naturales de las profundidades. El tiempo está llegando a su fin y a pesar de encontrarme muy a gusto con tu grata compañía y tú en la mía, todo tiene su principio y su final y a éste último le resta poco. Aprovecha mientras te quede ese escaso coletazo de poder ver lo que te ofrece mi mundo, que es mucho y en gran variedad de colores y especies. Y ahora me callo para que compruebes con todo lujo de detalles lo que quieras.

No dije nada antes estas palabras y de nuevo nadando a mi lado continué viendo el fantástico y maravilloso espectáculo y además gratuito que tenía ante mi. Hubo un momento en que parecía que todo se iba a desvanecer de repente, después de controlarme el tiempo que me quedaba lo veía con más intranquilidad. Ya no era lo mismo. Me producía un cierto desasosiego, todo lo veíamos de pasada y con mucha prisa y no apreciaba en su totalidad el paisaje, pero al no tener otra posibilidad hice caso a mi amigo y no salió palabra alguna de mi boca.

Salimos de la gruta y nos dirigimos de nuevo hasta el lugar de los cristales que tanto me llamaron la atención y donde anteriormente había permanecido un tiempo y donde hablé con el caracol gigante. En esta ocasión no entré, lo vi desde fuera y daba la sensación de tener más amplitud.

- ¡Se acabó! –dijo escuetamente el pez saltarín.

- ¿Debo volver ya? –pregunté tímidamente.

- Son las reglas, querido amigo, no puedo permanecer más tiempo a tu lado. Regresas a tu mundo y recuérdame siempre que el trabajo te deje descanso.

- De acuerdo. Cuando tenga problemas regresaré a la playa de nuestro encuentro y volveremos a hablar de todas las cuestiones que nos preocupen, bueno en este caso sería yo el que te cuente mis problemas, ya se que eres un buen oyente.

- Va a ser imposible. Tu puedes regresar a esa playa tan tranquila en otra época que no sea la veraniega, como lo has hecho en las tres ocasiones que nos hemos encontrado, pero yo no podré estar más para acompañarte. Esa era otra de las condiciones impuestas: yo te enseñaba mi mundo y no nos veíamos más y acepté, eso si después de pensarlo detenidamente y dudando entre aceptar o no. Me costó mucho decidirme, ya que no te volvería a ver más.

- ¿Por qué lo hiciste?, podrías haberme consultado sobre lo que pensaba al respecto.

- No podía, si lo hubiera hecho seguro que no habrías aceptado y he estado muy contento de disfrutar contigo a lo largo de este viaje. Una cosa por otra. Espero que lo comprendas, va a ser difícil para ti, pero lo hice precisamente por ti, pero me apena mucho no poder volver a tener nuestros encuentros playeros y hacerte más piruetas que tanto te gustaban, pero las promesas se deben cumplir y es lo que debo hacer. Tu te marcharás y yo me quedaré aquí. Piensa en mi y cuando vuelvas a pasear por la fina arena habla conmigo aunque no recibas contestación.

- Lo haré amigo, no lo dudes.

- Y ahora sin más preámbulos se producirá el traslado cuando menos lo esperes.

- ¿Cómo será?, dímelo, me tienes intrigado.

- Lo comprobarás por ti mismo. ¡Buen viaje de regreso!. ¡Adiós!.

De nuevo empezaron las turbulencias, lo mismo estaba boca arriba que con los pies en idéntica posición, con unos movimientos sorprendentes e increíbles. Cuando quise darme cuenta estaba en la superficie dentro del agua que me llegaba hasta la cintura, que era la única parte de mi cuerpo que permanecía mojada, igual que cuando entré. Miré rápidamente el reloj y marcaba la hora de entrada siguiendo las indicaciones de mi amigo el pez saltarín.

Quedé parado por unos momentos mirando el gran volumen de agua perdida en el infinito y salí a la arena. Me senté en el suelo y me quité los zapatos y los calcetines, estaban empapados. Los coloqué a mi lado derecho y miré sin parpadear hacia el agua y me hice una pregunta que nadie me contestaría:

- ¿Habré soñado todo lo que he visto?, y como era de esperar no obtuve ninguna respuesta.

El mar tenía un color precioso. El sol se iba ocultando tras él y ese fue el motivo de que me levantara, recogiera mis pertenencias y avanzara a través de la arena. Cuando llegué al final de la playa para subir las escaleras que me separaban de la carretera, el sol se había ocultado por completo y la oscuridad llegó.

Me habían sucedido hechos inexplicables, y aún ahora con los pies en el suelo, en tierra firme, daba la sensación de estar flotando.

Llegué al hotel, me di una ducha y me tumbé en la cama mirando hacia el techo, con los ojos abiertos, pero el cansancio me rindió y al cabo de pocos minutos me quedé profundamente dormido.

Cuando el despertador sonó, aún tardé un rato largo en levantarme. Lo primero que hice fue colocar toda mi ropa en el maletín y antes de marcharme y volver a la rutina diaria fui a la playa a mirar, acaso por última vez, mi refugio secreto y maravilloso. Todo permanecía tranquilo, apacible y en silencio, roto en ocasiones por las olas que llegaban del interior arrastrando materiales y abandonados en la arena. No bajé, desde la barandilla lo observé. Después recogí el maletín y caminé hasta la estación para regresar.

Pasados dos años de continuos recuerdos de mi experiencia vivida, aún sin saber si era real o imaginativa, sobre lo cual no me importaba lo más mínimo, pues lo llevaba en mi recuerdo, regresé a la playa casi llegando la época otoñal, como en las otras ocasiones. Permanecí bastantes horas esperando que se produjera alguna señal, pero fue una espera inútil, ya que no apareció mi querido amigo. Me levanté y me dirigía fuera cuando me pareció escuchar algo. Me volví rápidamente y vi una especie de ondas sucesivas, volví, sobre mis pasos y la decepción fue enorme al ver a un grupo de chavales tirando conchas al agua, regresaban por otro medio a su lugar habitual. Sonreí y me marché de aquel escenario que tantas cosas buenas y agradables me había proporcionado. Ya no volví, al menos físicamente.

Al escribir mi testamento una de las cláusulas a cumplir era que se esparcieran mis cenizas en el mar. Allí tendría paz y haría compañía a mi amigo el pez saltarín en las profundidades marinas, para siempre.

HÍZOSE

este libro de relatos
escritos por María Teresa Martínez Alcaraz
en los estudios de la editorial Aache
en la ciudad de Guadalajara,
y acabóse de imprimir
un 7 de Marzo de 2024,
dia en que se celebra
la memoria de
Santa Felicidad.